**JG. PRÉVOST**
AVOCAT A LA COUR D'APPEL

**PAUL KAHN**
AVOCAT A LA COUR D'APPEL

# LA LOI

## SUR

# LES TRIBUNAUX POUR ENFANTS

## CONDITIONS D'APPLICATION

---

### PRÉFACE
DE

**M. Albert RIVIÈRE**
PRÉSIDENT DE LA SOCIÉTÉ GÉNÉRALE DES PRISONS

---

### AVIS
DE

| **M E. GARÇON** | **M. F. MARIN** | **M. A. MOURRAL** |
|---|---|---|
| Professeur | Conseiller | Conseiller |
| à la Faculté de Droit | à la Cour d'Appel | a la Cour d'Appel |
| de Paris. | de Bordeaux. | de Rouen. |

PARIS

IMPRIMERIE ET LIBRAIRIE GÉNÉRALE DE JURISPRUDENCE
MARCHAL & BILLARD
**MARCHAL & GODDE**, Successeurs
ÉDITEURS, LIBRAIRES DE LA COUR DE CASSATION
*27, Place Dauphine, 27*

---

**1914**

# LA LOI

SUR

# LES TRIBUNAUX POUR ENFANTS

*(22 juillet 1912)*

ANGERS. — IMPRIMERIE ORIENTALE A. BURDIN ET C$^{ie}$, 4, RUE GARNIER.

**EUG. PRÉVOST**
AVOCAT A LA COUR D'APPEL

**PAUL KAHN**
AVOCAT A LA COUR D'APPEL

# LA LOI

## SUR

# LES TRIBUNAUX POUR ENFANTS

## CONDITIONS D'APPLICATION

### PRÉFACE
DE
**M. Albert RIVIÈRE**
PRÉSIDENT DE LA SOCIÉTÉ GÉNÉRALE DES PRISONS

### AVIS
DE

**M. E. GARÇON**
Professeur
à la Faculté de Droit
de Paris.

**M. F. MARIN**
Conseiller
à la Cour d'Appel
de Bordeaux.

**M. A. MOURRAL**
Conseiller
à la Cour d'Appel
de Rouen.

## PARIS

IMPRIMERIE ET LIBRAIRIE GÉNÉRALE DE JURISPRUDENCE
MARCHAL & BILLARD
**MARCHAL & GODDE**, Successeurs
ÉDITEURS, LIBRAIRES DE LA COUR DE CASSATION
27, *Place Dauphine*, 27

**1914**

# PRÉFACE

Il est toujours assez facile de faire une loi. Quelques conférences, des articles dans les journaux et dans les revues, un Congrès; et voilà créé le « mouvement d'opinion » qui déclanche le vote du Parlement. Il est plus difficile de faire une bonne loi, c'est-à-dire une loi atteignant un but pratique par des moyens scientifiques, une loi dont les conséquences n'entraînent pas trop d'imprévu.

La loi du 22 juillet 1912 a été inspirée par de très nobles sollicitudes, suggérées elles-mêmes ou stimulées par l'admiration d'institutions étrangères bien adaptées peut-être au milieu et donnant, dit-on, des résultats satisfaisants. Elle semble avoir trop copié la pratique et les idées de pays très différents du nôtre, sans vérifier si elles pouvaient entrer dans le cadre où elle allait être appliquée.

On a dit que notre législation de l'enfance était défectueuse et ne donnait que de mauvais fruits. Ne serait-il pas plus juste de dire qu'elle était mal appliquée, parce qu'on mettait et remettait en liberté les enfants arrêtés, au lieu de les garder et de les rééduquer ? — Mais pourquoi ne les gardait-on pas ? Parce qu'on n'avait pas d'établissements appropriés et en nombre suffisant. En a-t-on aujourd'hui davantage ? On en a moins ! car beaucoup d'établissements privés ont été fermés depuis quelques années, notamment l'Atelier-Refuge de Rouen, qui à cette heure fait tant défaut. Pourquoi, dès lors, les résultats changeraient-ils ? Est-ce parce qu'on mettra les enfants arrêtés dans un hospice, au lieu de les mettre dans un quartier spécial de la maison d'arrêt ? On risque, tout simplement, de jeter davantage le discrédit sur les hospices dépositaires et de corrompre les enfants assistés qui y sont recueillis. On part toujours de cette pensée — et c'est là l'erreur fondamentale — que les enfants délinquants sont tous des manières d'Eliacin, nullement pervertis, nullement dangereux, et qu'on ne saurait dès lors traiter avec trop de douceur.

D'autre part, deux courants — je ne veux pas dire deux camps — se sont, dès le début, nettement opposés : l'un dirigé surtout vers le but à atteindre et peu embarrassé des « subtilités » et des « préjugés » juridiques ; l'autre, incliné sans doute vers les améliorations réclamées dans la législation de l'enfance, mais très attaché aussi aux principes protecteurs de la liberté individuelle et à toutes les règles de notre droit public qui, *surtout en cette matière*, doivent être respectés. Ces deux courants se sont heurtés pendant les discussions qui ont précédé le vote de la loi. Les uns disent que le second a été sacrifié ; les autres prétendent qu'on en a « trop » tenu compte. La vérité est que le Sénat a sérieusement amélioré le projet initial. Il a renoncé au juge unique, écarté les juges non professionnels (médecins, dames, commerçants ou fonctionnaires retraités), repoussé plusieurs autres périlleuses exagérations. Nous regrettons qu'il ait fait échec au principe de la publicité des audiences, qui n'étaient si encombrées à Paris qu'en raison du nombre excessif d'affaires qu'on faisait appeler le même jour devant la huitième chambre. A-t-on jamais formulé une critique quelconque contre les audiences correspondantes de la Chambre des appels de police correctionnelle? Nous regrettons que, pour les affaires où il n'y a pas de majeurs de 18 ans (art. 18), la loi nouvelle ait décidé que seraient simplement déférés à la juridiction nouvelle, *tous* les mineurs de 13 à 16 ans auxquels sont imputés des délits et même des crimes, quels que fussent ces crimes, et *tous* les mineurs de 16 à 18 ans inculpés de délits, quels que fussent ces délits.

Quoi qu'il en soit, la loi existe ; elle va entrer en vigueur le 5 mars. Tout le monde reconnaît qu'elle n'est pas parfaite et beaucoup de ceux qui vont avoir à l'appliquer voient approcher cette date avec quelques appréhensions. Certaines lacunes des textes, et surtout les incertitudes et les difficultés relatives aux moyens d'exécution excitent des inquiétudes et déconcertent les meilleures volontés. Où mettre le mineur de 13 ans, jusqu'au moment où il est conduit au parquet? Où le mettre, jusqu'au moment où il comparaît à l'audience? Où le mettre depuis le jugement jusqu'à l'arrêt? Où le mettre en placement définitif? *Quid*, en cas de défaut? *Quid* du point de départ du délai d'appel (art. 9), si les destinataires ou l'un d'eux se dérobent à l'arrivée du facteur? *Quid*, si l'instruction est faite par un juge non spécialisé? (art. 8 § 1 et art. 17 § 1). *Quid* de la « chambre du conseil » dans les tribunaux où il y a plusieurs chambres? (art. 4, 5 et 6). Que va-t-il advenir jusqu'à ce que la Cour suprême ait tranché ceux de ces problèmes qui pourront lui être déférés?

En définitive, cette loi, qui aurait voulu être organique, n'est-elle pas surtout une loi de procédure ?

Sous prétexte que la loi est incomplète, imprévoyante et peut-être en partie dangereuse, les juristes, ces « victimes de la déformation professionnelle », allaient-ils se réfugier dans une abstention maussade et hautaine ? Allaient-ils dire : « Vous n'avez pas voulu nous écouter. Vous n'avez même pas voulu consulter les corps qui avaient officiellement qualité pour vous conseiller : barreaux, compagnies judiciaires, Sociétés savantes, Administrations publiques. Il en sera de la loi de 1912 comme de la loi sur la prostitution, comme de la prochaine loi sur le pécule. Vous allez à la faillite, ou bien vous appliquerez des mesures exactement contraires à vos postulats. Essayez de sortir tout seuls de l'impasse » ?

A l'honneur du barreau, de la magistrature, de l'Université, des Administrations publiques, des gens d'œuvres et des criminalistes, aucun n'a boudé. Tous viennent à l'envi mettre leur science, leur pratique, leur ingéniosité à la recherche des solutions, des expédients, des détours qui permettront, en s'écartant le moins possible des textes, de procurer l'exécution de la loi.

Au premier rang de ces hommes de bonne volonté, nous trouvons M. Eugène Prevost. Historien consciencieux de toute la législation relative à l'enfance malheureuse ou coupable, il en montre les faiblesses, toujours imputables à l'absence d'établissements indispensables, et il recherche quelles pourraient être les mesures d'exécution, puisque l'Administration pénitentiaire est en partie délibérémeat mise de côté. Son étude est pleine de mélancolie, quand il constate combien on a compromis l'Administration pénitentiaire « et l'idée même de réformation », combien aussi, par les confusions systématiquement créées entre l'assistance et la répression, on a compromis comme on est en voie de compromettre de nouveau l'Assistance publique. En cette matière particulièrement, le pêle-mêle, dit-il, en s'appuyant sur l'autorité d'Ad. Guillot, est un signe certain d'erreur et de régression. Et, partant de là, il précise tout un programme de réformes pressantes, qui, si elles étaient réalisées, combleraient d'aise, c'est certain, l'Assistance publique et l'Administration pénitentiaire.

Ce n'est pas la première fois que nous saluons M. Prevost à ce poste de veilleur : lors de la préparation ou de la promulgation des lois et décrets sur les enfants difficiles et vicieux de l'Assistance publique, sur la prostitution des enfants, sur la surveillance des établissements privés et le pécule, nous avions entendu son cri d'alarme et beaucoup de ceux-là mêmes qui avaient souri de son émotion conviennent aujourd'hui qu'elle était au-dessous des dommages entrevus.

C'est que M. Prevost n'est pas seulement un homme de science ; il est un réaliste. Il ne se contente pas de comparer les textes, de vérifier s'ils paraissent mal jouer ensemble et accuser des fissures. Il veut des faits et des résultats ; il regarde les gestes ; il interroge les praticiens et il va les écouter au milieu de leurs œuvres. Il pense, comme Victor Hugo, que, en matière de législation, les faits et les chiffres valent mieux que les phrases. Et ce n'est que quand les réalités l'ont définitivement édifié qu'il sonne son tocsin sur ces « lois culs-de-jatte, qui, à peine nées, branlent la tête comme des vieilles femmes (1) », sur ces dispositions qui, mal étudiées, aggravent le mal qu'elles prétendaient guérir.

Et il s'appuie toujours sur des *documents*. Voyez la fin de ce livre. Vous y trouvez les preuves vivantes de ce qu'il a affirmé :

_________

(1) Victor Hugo : *Littérature et philosophie mélées*, p. 172.

les dépositions des témoins acteurs, qui demain seront les victimes d'une loi téméraire et qui disent pourquoi et comment.

Il cherche ses déposants au Nord et au Midi, parmi les magistrats et parmi les avocats, comme parmi les théoriciens du droit pénal, parmi les fonctionnaires et les praticiens du patronage.

A une place d'honneur nous devons mettre M. Paul Kahn, qui depuis tant d'années déjà se consacre, à la 8ᵉ chambre, à la chambre des appels correctionnels, dans la presse et au sein des Sociétés savantes, avec autant de sagacité et de sollicitude que de désintéressement, à l'étude des questions concernant l'enfance, fondateur, avec M. J. Teutsch, de la *Revue des tribunaux pour enfants*, ancien rapporteur au Iᵉʳ Congrès international des tribunaux d'enfants, rapporteur tout désigné de la loi de 1912 devant la Société générale des Prisons. Son rapport se soude exactement à celui de M. Prevost devant l'Union des Sociétés de patronage. Mais il insiste plus particulièrement sur la question des rapporteurs et sur celle des délégués. Pour les premiers, il étudie les conditions de leur recrutement, les incompatibilités patentes ou supposées, leur rôle et les moyens d'accomplir leur mission. Pour les seconds, il ne voudrait pas, de même que M. Marin, se porter caution de leur persévérance : « Je crains fort, dit-il, que les délégués, ceux-là mêmes qui sollicitent cet honneur avec le plus d'enthousiasme débordant, ne renoncent vite, la première ardeur passée, à cette lourde charge ». L'exemple de l'Angleterre est là pour justifier sa crainte. Quant à la Belgique, avec sa loi du 15 mai 1912, elle n'a même pas osé tenter l'expérience.

Ces deux rapports forment ainsi, en quelque sorte, un seul tout.

Ils sont suivis d'Avis, émanant de M. Garçon, l'éminent professeur de droit pénal, de M. le conseiller Marin et de M. le conseiller Mourral. Chacun d'eux, examinant à son point de vue certains côtés de la loi, y apporte les lumières de son haut savoir et de son expérience. Ecoutez M. Marin sur le droit de revision des décisions plaçant l'enfant hors de sa famille (art. 10 et 11) et les difficultés que vont créer aux œuvres ces jugements sans cesse modifiables.

Lisez M. Mourral sur la pléthore d'enfants délinquants dont, contrairement au vœu du législateur, va inévitablement souffrir l'Assistance publique, qui aura à « se débrouiller » comme elle pourra.

A la fin du volume, déjà très rempli de renseignements, MM. Prevost et Kahn ont placé trois Appendices.

Le premier est consacré au service des Enfants assistés, « service très vaste et très fragile » pour la défense duquel, se joignant à M. Mirman, les inspecteurs départementaux apportent leurs explications circonstanciées. En remettant des enfants à l'Assistance publique, les tribunaux croyaient bien faire. Reportons-nous aux chiffres que fournit M. l'inspecteur Nicaud, et nous voyons qu'à tous égards, et pour ces enfants eux-mêmes, la remise à l'Assistance publique est la pire des solutions. Quel tableau que celui qui nous est présenté de « l'*hospice dépositaire*! » Et comment ne pas s'arrêter à cette déclaration formelle que l'*Assistance publique est actuellement dans l'impossibilité de concourir efficacement à l'exécution de la loi nouvelle* ? »

Le second Appendice, qui renferme des statistiques singulièrement intéressantes, nous apprend combien il y a, actuellement, d'enfants de moins de 13 ans sous l'autorité de l'Administration pénitentaire ; il nous montre où ils sont placés, garçons ou filles, et quels sont les tribunaux qui ont pris les décisions d'envoi en correction. De loin, tiennent la tête les ressorts des cours de Rennes, de Douai et d'Aix. A Bordeaux, par exemple, la remise à la famille est un principe presque constant. Les chiffres qui nous sont fournis révèlent les habitudes locales qui inspirent les décisions de justice.

Dans le troisième Appendice, nous voyons les directeurs et les directrices des établissements de réforme, publics et privés, pour garçons ou pour filles, crier grâce devant une tâche devenue écrasante. Notre *Comité de défense des enfants traduits en justice* étudie avec grand soin cette question, à laquelle il a déjà consacré plusieurs séances, où M. Brun, l'expérimenté directeur de Mettray, a apporté son précieux concours. En nombre tout-à-fait insuffisant, les établissements publics sont surpeuplés, au mépris des règlements. M. Schrameck, qui s'y connaît, a exposé l'urgence de courir tout d'abord au secours de la colonie d'Aniane, dont l'excellent médecin a publié un travail bien digne d'être médité. Comme on l'a observé avec équité, il est trop facile de vitupérer contre l'Administration et contre ses directeurs, dont la tâche est peu aisée. Quand, dit M. Prevost, vous donnez à l'Administration pénitentiaire une tâche impossible, sachant qu'elle est impossible, pouvez-vous vous étonner, avez-vous le droit de vous étonner qu'elle y échoue ?

A un tel livre, véritable manuel de sagesse et de circonspection, courageux autant qu'utile, notre reconnaissance doit aller, au nom des œuvres, des enfants et des malheureux. Il rendra courage à ceux qui se sentiraient atteints ou se croiraient menacés. Surtout, il aidera à corriger ou atténuer de regrettables imprudences. Il jouera, pour la nouvelle loi, un peu claudicante, le rôle d'orthopédiste, comme disait hier M. Ribot au Sénat.

Prié par MM. Prevost et Kahn de le présenter au public, je me suis laissé aller à en faire l'analyse. Si, par le trop succinct résumé que j'en ai donné, j'ai inspiré le désir de le lire, et surtout de le méditer, cette préface aura atteint son but.

Albert RIVIÈRE,
*Président de la Société générale des Prisons.*

19 février 1914.

UNION DES SOCIÉTÉS DE PATRONAGE DE FRANCE

# ASSEMBLÉE GÉNÉRALE DU 16 DÉCEMBRE 1913

SOUS LA PRÉSIDENCE

## de M. Ballot-Beaupré

*Premier Président honoraire de la Cour de Cassation.*

# Rapport

DE

## M. EUGÈNE PREVOST

AVOCAT A LA COUR D'APPEL

*Suum cuique.*

Mesdames, Messieurs,

Vous m'avez chargé d'un rapport, non pas sur la loi des *Tribunaux pour enfants*, mais seulement sur la nécessité et les difficultés du concours de la bienfaisance privée pour son application.

De grandes espérances avaient été mises sur cette loi alors qu'elle n'était encore qu'un souhait. Sans cesse grandissante et sans cesse aussi plus précoce, la criminalité juvénile reculerait enfin, disait-on; elle ne pourrait pas ne pas reculer.

En aparté, je ne pouvais chasser la crainte que cette loi *ne glissât sur l'aile.* Mes appréhensions procédaient de plusieurs raisons. Si vous le permettez, je vous soumettrai seulement les deux principales.

D'une part, une loi, quel que soit son objet, est toujours difficile à faire, même quand elle s'encastre avec prudence dans l'organisation judiciaire de compétence et de procédure en matière civile ou en matière criminelle. Et je me demandais ce que pourrait être la loi nouvelle qui, par une sorte de tyrannique coquetterie, paraissait vouloir se placer en dehors et au-dessus de cette organisation générale. Ou bien, pensais-je, il faudrait multiplier les détails et les prévisions, et alors c'était tout un code à improviser, travail compliqué, hérissé de difficultés. Ou bien on voudrait aboutir promptement au moyen d'une loi plus brève, et alors il fallait s'attendre à maintes lacunes dont la pratique ne pourrait sortir. A un certain moment, M. le professeur Garçon cria : Casse-cou! (1). Ce cri ne fut pas sans conséquences. Le projet fut modifié. Il faut d'ailleurs reconnaître qu'il y a loin entre certains projets lunaires du début et la loi qui a été faite. L'avenir dira si les modifications provoquées par ce cri d'alarme suffisent pour la rendre viable.

D'autre part, l'intérêt d'une loi, surtout d'une loi de cette nature, est dans ses résultats. Les résultats dépendent des conditions d'application. Plus l'objet d'une loi s'étend largement, plus son exécution est chanceuse. Non sans raison, un proverbe connu dit qu'il ne faut pas avoir plus grands yeux que grand ventre. Et, malgré moi, revenait l'obsédant souvenir de diverses lois peu appliquées en cette matière même, quand encore elles n'étaient pas restées lettre morte, *faute de moyens d'exécution.*

Cette observation nous met, je crois, au plein de notre sujet.

Reportez-vous au plus ancien texte de notre législation relative à l'enfance coupable, c'est-à-dire à l'ancien article 66 du code pénal.

Pour les enfants de moins de 16 ans, déclarés non discernants, le juge avait deux solutions : 1° la remise à la famille; 2° l'envoi en correction pour un *temps déterminé* (ce qui était une faute), ce temps ne devant pas excéder *la vingtième année* (ce qui était une autre faute). Ces dispositions étaient surtout verbales. Car le législateur ne s'était aucunement préoccupé des moyens d'en assurer l'utile application. Selon les cas, la remise à la famille est la meilleure ou la pire solution. Cependant aucun contrôle ne fut prévu. L'envoi en correction suppose l'existence des maisons spéciales. Il n'y en avait aucune. Et l'administration trouva tout simple de mettre en prison ces enfants non condamnés. Néanmoins ce régime inouï dura longtemps. Il dura jusqu'au moment où, par ses seuls efforts (2), l'initiative privée

_________

(1) *Revue politique et parlementaire*, 10 octobre 1911, n° 208.

(2) G. Vidal, *Droit criminel*, 2ᵉ éd. p. 208.

créa l'établissement de Mettray pour les garçons (1840) et l'Atelier-Refuge de Darnetal pour les filles (1848). Il est en général assez facile d'imiter ; il est toujours difficile de créer. Nous devons un reconnaissant souvenir aux créateurs de ces deux belles œuvres. (*Applaudissements.*)

C'est sous la poussée de l'opinion publique, sollicitée par M. de Metz, que le parlement se décida enfin à faire la loi du 5 août 1850.

Une nette préférence y était marquée pour l'initiative privée, à qui cinq années étaient données pour créer les établissements nécessaires. Les établissements publics n'y étaient éventuellement prévus qu'à titre subsidiaire. L'Etat ne devait en effet pourvoir à la fondation des colonies publiques que si, à l'expiration des cinq ans, le nombre total des jeunes détenus n'avait pu être placé dans des établissements particuliers. Il eût été mieux sans doute de dire dès l'abord qu'il y aurait à la fois des établissements privés et des établissements publics.

Des sélections étaient organisées avec soin, soit dans les maisons d'arrêt et de justice, où un quartier distinct devait être affecté aux jeunes détenus de toute catégorie, soit dans les colonies pénitentiaires. Ceux qui, dans ces colonies, se montraient insubordonnés, devaient être envoyés dans des colonies correctionnelles à regime plus sévère. Cette judicieuse et nécessaire élimination des pires était une sauvegarde pour les meilleurs. Pour ces derniers, les efforts d'amendement étaient encouragés. Pendant les trois premiers mois, les jeunes détenus étaient enfermés dans un quartier distinct et appliqués à des travaux sédentaires. A l'expiration de ce terme, le directeur pouvait, en raison de leur bonne conduite, les admettre aux travaux agricoles de la colonie. Ils pouvaient obtenir, à titre d'épreuve, d'être placés provisoirement au dehors. Cette disposition créait donc la *liberté surveillée*, toujours révocable, le cas échéant.

Avec soin encore cette loi organisait une surveillance à la fois sérieuse et prudente.

Dans chaque établissement, il devait y avoir un conseil de surveillance, qui était seulement un conseil de surveillance, sans aucun droit d'immixtion dans l'administration. Dans les colonies pénitentiaires pour garçons, ce conseil comprenait un délégué du préfet, un ecclésiastique désigné par l'évêque, deux délégués du conseil général, et aussi — (veuillez remarquer cela) — *un membre du tribunal civil élu par ses collègues.* Dans les établissements pour filles, ce conseil était composé d'un ecclésiastique et de quatre dames délégués par le préfet.

Les colonies pénitentiaires et correctionnelles étaient soumises à la surveillance du procureur général du ressort, *tenu de les visiter chaque année.* Elles devaient en outre être visitées chaque année par un inspecteur général délégué par le ministre de l'Intérieur. Dans les établissements de filles, cette inspection devait être exercée par une dame inspectrice. Enfin un rapport général sur la situation de ces colonies devait être présenté tous les ans par le ministre de l'Intérieur à l'Assemblée nationale.

Dans cette courte analyse, il est encore un point qui doit être rappelé. Que deviendraient les jeunes détenus après leur libération? Le législateur de 1850 a pensé que, sans préjudice du patronage des établissements eux-mêmes et pour y suppléer le cas échéant, il fallait organiser un patronage général, à la fois moral pour les heures difficiles et matériel pour le placement et le reclassement. Un patronage s'offre et ne s'impose pas. Les pires le fuiraient; les meilleurs le rechercheraient. A qui confier ce patronage général? Au regard des enfants, l'Assistance publique a en propre le service des enfants matériellement abandonnés, service énorme, vraiment pitoyable et à tous égards vraiment impressionnant, qu'il importe absolument de ne pas compromettre (1). Notre loi a pensé que, s'agissant ici des enfants les meilleurs, elle pouvait, sans risques trop grands, les placer sous le patronage de l'Assistance publique pendant trois années au moins (2). Un règlement d'administration publique devait notamment déterminer les conditions de ce patronage.

Telle est, en un trop bref résumé, notre loi de 1850, où, il est vrai, certains détails prêtent à la critique, spécialement les précisions trop accentuées sur la nature du travail des garçons et des filles, et où (comme l'avait d'abord proposé M. Drelon, député de la Marne, avec qui avaient collaboré

(1) Voir *infra* l'Appendice I.

(2) Dans son rapport (*Moniteur officiel* du 4 juillet 1850), M. Corne avait exposé combien il y avait lieu de compter sur les bons effets de ce patronage, sur « cette sollicitude bienveillante qui s'offre à l'enfant au moment le plus critique de la vie ». De cette idée même, on fait à cette heure des essais (*Rev· pénil.* 1910, p. 585).

M. Hermance et M. Jacques Teutsch) pouvaient être facilement
introduites quelques modifications révélées par la pratique
ultérieure, commandées par l'expérience.

Au demeurant loi admirable par la prudence tranquille
et le bon sens de ses solutions, et d'autant plus admirable
que, pour son objet, elle est la première en date.

C'est de cette loi que, par la suite, se sont inspirées toutes
les législations étrangères ; elle était digne de cet honneur.

Mais autre chose est une loi, même excellente en ses dispositions, et autre chose son exécution : nous ne le savons
que trop.

Le malheur fut que l'opinion publique, un instant secouée,
ne tarda pas à se désintéresser de la question des enfants
coupables.

Le silence se fit autour de cette loi, et, au milieu de ce
silence, elle fut méconnue, comme en une sorte de gageure,
par tous ceux qui avaient un devoir à remplir pour son
application.

Quand donc les procureurs généraux ont-ils eux-mêmes
annuellement visité les établissements dont il s'agit ?

Quand donc les tribunaux ont-ils élu un de leurs membres
pour faire partie des conseils de surveillance ?

Quand ces conseils de surveillance ont-ils été constitués ?

Le règlement d'administration publique ne fut pas même
fait.

L'Assistance publique n'eut pas dès lors à organiser le
patronage dont elle avait été chargée.

Quant à l'administration pénitentiaire, elle fut bien obligée
par l'insuffisance numérique des établissents particuliers de
s'occuper simultanément des jeunes détenus ; mais trop souvent elle a considéré que c'était déjà un grand effort que de
débaptiser certaines maisons de force pour les y jeter, en
sorte que, pour les mêmes délits, les mois de prison des
adultes condamnés devenaient en réalité des années de
prison pour les mineurs non condamnés.

Des libérations provisoires, il n'était pas question. N'était-
il pas suffisant que la loi en eût parlé ?

De même pour les colonies correctionnelles.

De même pour le quartier distinct dans les maisons d'arrêt.

Ce fut un prodigieux spectacle d'iniquité et d'impéritie.
On ne peut s'étonner qu'il en soit résulté pour le service
une très mauvaise réputation. Il était devenu de règle pour

les tribunaux de n'envoyer en correction que les enfants absolument incorrigibles.

Cependant les incessants progrès de la la criminalité juvévile forcèrent de nouveau l'attention sur ce service. Dès progrès sérieux, attentivement suivis, furent réalisés, auxquels il convient de rendre hommage (1). C'est en 1895 que, notamment, on créa la première colonie correctionnelle à Eysses. Ce fut une belle étape. L'espoir devenait possible d'une réorganisation nécessaire à la lumière de l'expérience acquise (2).

On en était là quand successivement divers événements survinrent qui, finalement, ont eu ce double résultat : d'une part, d'augmenter dans les établissements publics et privés la désorganisation de ce service pénitentiaire, et, d'autre part, de compromettre les services de l'Assistance publique en y jetant le désordre.

Nous allons voir comment, en s'enchaînant, les faits auxquels je fais allusion ont abouti à la loi des tribunaux pour enfants et aux trop certaines difficultés de son application.

I. — C'est en 1889 que le parquet de la Seine se décida à traduire en police correctionnelle, *comme vagabondes*, et de leur consentement, quelques jeunes prostituées qui, devant le tribunal, réclamèrent elles-mêmes leur envoi dans une colonie pénitentiaire. Aussitôt, une inspectrice de premier ordre, M^me Dupuy, signala le péril de cette solution. « Il ne faut pas, dans l'espoir trop souvent chimérique de sauver des jeunes filles tombées à l'abjection de la prostitution réglementée, il ne faut pas, disait-elle, risquer d'en perdre d'autres par ce contact dangereux ». Observation pleine de sagesse. La première fille qui passa ainsi en police correctionnelle s'appelait Mathilde. Lors de sa libération, comme on la questionnait sur son séjour en correction, elle s'en félicita. Sauvetage, pensez-vous. Ecoutez! — « J'étais devenue moni-

---

(1) G. Vidal, *Dr. crim.*, p. 217.

(2) Voir dans la *Revue pénitentiaire*, 1900, p. 206, 393, 581, 733, la belle et longue discussion qui s'est alors déroulée devant la Société des Prisons, au rapport de M. P. Flandin, sur la Réforme des maisons de correction. Y ont pris part MM. E. Ferri, P. Strauss, Granier, H. Joly, l'abbé Pierre, Tarde, Pouillet, A. Rivière, d'Haussonville, Vidal-Naquet, L. Rivière, Arboux, Vincens, Puibaraud, M^me Dupuy, MM. Bessière, Berthélemy, Drouineau, Cluze, Pissard, Larnaude, Brunot, Brueyre, Monsservin, F. Voisin, P. Jolly, Garçon, Bérenger, Lacoin, Petit, G. Picot, Mourral, les Docteurs Garnier et Colin.

trice, et alors j'avais les plus belles ! » Il eût fallu s'arrêter
dans cette voie. Mais on avait trouvé un commode exutoire.
A Paris, la jurisprudence se fixa et se généralisa. Quantité
d'adolescentes de cette catégorie furent ainsi remises à l'administration pénitentiaire. Et, *à défaut d'établissements spéciaux*, vous pouvez penser tout le mal qu'elles ont fait dans
les établissements publics et privés. Quand on n'omet rien
de ce qui peut déconsidérer un service, a-t-on vraiment le
droit de s'en prendre à lui de cette déconsidération ?

II. — C'est en cette même année 1889 que, le 24 juillet, fut
promulguée la loi — trop souvent boiteuse — sur la protection
des enfants maltraités ou moralement abandonnés, dont le
titre I est consacré à la déchéance de la puissance paternelle (1). L'origine de cette loi vous est connue. Les décisions
qui rendaient les enfants à leurs familles, même quand celles-
ci n'offraient aucune garantie, étaient d'autant plus malheu-
reuses que les plus irrécusables statistiques apportaient sans
cesse la preuve que c'est dans les familles déjetées ou anor-
males que se recrute surtout l'enfance coupable. Il fallait venir
au secours des enfants moralement abandonnés. Mais comment procéder ? On songea à l'Assistance publique. Mais
l'Assistance publique n'a pas d'établissements. Les enfants
de son service propre, les matériellement abandonnés, sont
par elle placés dans des familles ; c'est le placement familial.
Où pourrait-elle mettre les moralement abandonnés ? Quels
seraient ici les moyens d'exécution ? Questions tellement
grosses qu'on refusa d'y prêter l'oreille. Il fut donc décidé
qu'après la déchéance prononcée, la tutelle des enfants
serait confiée à l'Assistance publique, qui, pour leur garde
matérielle, se débrouillerait comme elle pourrait, en les
remettant soit à des établissements charitables, soit à des particuliers. Les meilleurs esprits s'alarmèrent (2). Qu'allait
devenir le service des enfants matériellement abandonnés?
M. Adolphe Guillot écrivit : « Quand je vois l'Assistance publique recevoir à titre de moralement abandonnés de véritables prostituées de 14 à 15 ans, je me demande avec effroi

(1) Le 14 janvier 1894, le Comité de défense des enfants traduits en justice
a, sur la proposition de M. Brégeault, émis le vœu — maintes fois et partout
renouvelé — que « la déchéance de la puissance paternelle, dans le cas où
elle est facultative, cesse d'être absolue dans son objet et que la possibilité
soit laissée aux tribunaux, selon les circonstances, de n'en frapper les parents
que relativement à un ou plusieurs enfants ».

(2) Voir l'Appendice I.

ce qu'elles porteront dans les familles rurales où elles sont envoyées... En voulant sauver tout le monde de la même façon, on risque de sacrifier les bons éléments ». C'est en effet ce qui est arrivé ! Il est d'ailleurs à remarquer que la bienfaisance privée ne vient dans cette loi qu'en seconde ligne, et encore par l'intermédiaire et sous la garantie de l'Assistance publique. L'article 19 précise qu'il s'agit « d'associations de bienfaisance régulièrement *autorisées à cet effet* ».

III. — La loi du 19 avril 1898 fut, avant d'être votée, appelée la loi des enfants martyrs. Née de l'affaire Grégoire qui provoqua une grande émotion, elle autorisait le juge d'instruction et le tribunal à confier les enfants de cette catégorie à un parent, à une personne ou à une institution charitables qu'ils désignaient ou enfin à l'Assistance publique. Dans cette loi, le juge désigne seul et directement le placement des enfants entre les mains, à son choix, soit d'un particulier, soit d'une œuvre privée, qui n'a pas besoin d'être « autorisée à cet effet », soit de l'Assistance publique, laquelle passe ici au dernier rang. Mais, tandis que les œuvres privées ne prennent les enfants que si elles y consentent, l'Assistance publique ne peut décliner sa désignation (1). A quels enfants cette loi s'applique t-elle? Si vous considérez l'âge, il s'agit de mineurs de 21 ans. C'est en effet avec intention que le législateur a employé ici le mot « enfants » par opposition à l'expression de l'article 66. Si vous recherchez la catégorie à laquelle ils appartiennent, il faut vous reporter au texte. Dans le projet de loi, il s'agissait seulement des enfants martyrs, c'est-à-dire *victimes* de délits ou de crimes. Mais au dernier moment, le texte fut étendu aux enfants *auteurs* de délits ou de crimes. L'article 4 vise en effet « tous les cas de délits ou de crimes commis *par des enfants* ou sur des enfants ». De là cette énorme conséquence : tandis que l'Administration pénitentiaire, qui a des établissements de réforme et un personnel, ne recevait, aux termes de l'article 66 non encore modifié, que des mineurs de 16 ans, auteurs de délits ou de crimes, l'Assis-

(1) L'Assistance publique — service départemental — a résisté tant qu'elle a pu à cette conséquence. Par exemple, le conseil général du département de l'Aube décida, le 14 avril 1899, que les enfants confiés à l'Assistance publique en vertu de la loi de 1898 ne seraient pas admis. Mais l'arrêt de la Cour de cassation du 14 août 1902, affaire Cambreleng, a tranché la question. Cf. P. Jolly, *Revue pén.* 1903, p. 340.

tance publique, qui est une œuvre départementale, sans établissements et sans personnel approprié, donc dépourvue de
tous moyens d'exécution, pouvait être désormais chargée de
ces mêmes enfants, *auteurs de délits ou de crimes*, tant qu'ils
n'avaient pas dépassé 21 ans. De plus, la loi qui n'avait pas
été préparée pour cet objet, n'avait prévu aucune des dispositions correspondantes (1). Les œuvres et l'Assistance
publique allaient donc être désarmées et sans aucun moyen
au sujet des enfants insubordonnés ou évadés. C'était
presque un encouragement à l'insubordination et à l'évasion! Néanmoins, les tribunaux, aux yeux de qui on avait
de plus en plus déconsidéré les établissements de l'administration pénitentiaire, furent fort aises d'avoir ce nouvel
exutoire. L'Assistance publique fut accablée. Ne sachant
que faire des enfants qu'elle recevait ainsi de toutes parts,
elle les plaça, comme elle put, les uns dans des établissements privés, les autres chez des particuliers. Le résultat est
bien connu ; il a été ainsi précisé par un inspecteur des enfants assistés : « Sitôt placés, dit-il, ils se montrent sous leur
« véritable aspect, ils refusent de travailler, insultent leurs
« patrons, finalement s'évadent, en un mot mécontentent
« ceux qui ont la lourde charge de s'occuper d'eux. Il en
« résulte un préjudice moral considérable pour le service
« des assistés proprement dits, car les patrons qui les ont
« occupés et à qui on a eu le soin de cacher leur passé, les
« confondent avec les assistés *et ne veulent à aucun prix des*
« *pupilles du service.* » Tenu à certaines réserves, un fonctionnaire ne pouvait pas dire plus clairement tout le mal
qui a été fait aux services de l'Assistance publique par la loi
de 1898 (2). Et, chose très grave, à laquelle cependant on ne
fait pas attention, c'est que plus on étend l'action de l'Assistance publique en dehors de son objet propre, et plus du
même coup on la force à limiter ses exigences pour ses placements. « Le placement familial, dit M. l'inspecteur Cam-
« billard, doit s'entendre placement rural... Ce serait une
« illusion de croire que les patrons se recrutent en général
« dans les milieux aisés sortant un peu de l'ordinaire. Non, il

_______

(1) M Paul Jolly : — « A une situation toute spéciale, celle des mineurs
délinquants, on a eu le tort d'appliquer un texte qui n'était pas fait pour elle
et ne s'y adaptait pas. Tout le mal vient de là. Le texte voté convient *peut-
être* à l'une des deux situations; mais il ne convient pas à l'autre » (*Examen
critique de la loi* du 19 avril 1898, p. 16). — *Add.* G. Vidal. *Dr. crim.* p. 202.

(2) Voir l'Appendice I.

« faut voir la réalité et avoir le courage de la montrer ; ils
« appartiennent plutôt à des milieux nécessiteux ; le contraire
« est l'exception... Un ou deux enfants, telle est la règle, de
« façon que les enfants se fondent réellement dans la fa-
« mille, qu'ils s'y incorporent  Souvent nous nous en écar-
« tons. . *La pénurie des demandes* nous oblige à mettre 3 ou
« 4 enfants dans la même maison » (*Revue philanthropique,*
15 juillet 1912, p. 283).

IV. — Quelques années après était promulguée la loi du
12 avril 1906, modificative de l'art. 66. La détention de réformation, au lieu de s'arrêter obligatoirement à la vingtième
année, pourrait se continuer jusqu'à 21 ans. En dehors de là,
deux dispositions. L'une au profit de l'Assistance publique :
il y était dit que *ne lui seraient plus remis des enfants de plus
de seize ans.* Que dire de l'autre ? C'est un fait que la criminalité juvénile est de plus en plus précoce, même pour les
crimes de sang (1). Dès lors pouvait se présenter la question
de savoir s'il fallait laisser à 16 ans la majorité pénale ou s'il
fallait l'avancer. Tout au contraire elle  fut reculée de 16 à
18 ans (2). En conséquence, privés ou publics, les établissements de réforme pénitentiaire reçurent deux nouvelles catégories de sujets : d'une part, des apaches achevés, et d'autre
part, garçons ou filles, des prostitués avérés, les vices et les
habitudes de violence des uns et des autres défiant tout effort
de réformation. Où les mettre ? Puisqu'on avait décidé de
donner à l'administration pénitentiaire la charge de ces
nouveaux contingents, sur la nature desquels il n'y avait
pas d'illusions possibles, il eût fallu, en même temps, ordonner la construction d'établissements nouveaux, d'ailleurs
spéciaux, et différer l'exécution de la loi pendant le temps
nécessaire à leur édification et à leur aménagement. Mais
on n'a pas fait ainsi. *Point d'établissements spéciaux. Pas*

---

(1) Ce fait a été bien résumé par M. Léonce André : « Cette criminalité,
dit-il, augmente dans des proportions effrayantes. Des crimes horribles,
atroces, sont journellement commis par de tous jeunes gens, et on a pu
constate officiellement que c'est dans leurs rangs qu'on trouve le *maximum
de criminalité.* Le même phénomène se manifeste en ce qui concerne les
délits, quoique dans une proportion moindre » (*Tribunaux pour enfants,* p. 4).

(2) Voir notamment, dans l'Appendice III, l'Avis de M^me Gendrot, directrice
de l'établissement public de Cadillac. — « Était-ce bien le moment, a écrit
M. le procureur général Loubat, d'ouvrir cette nouvelle brèche dans notre
régime pénal, lorsque la précocité des criminels est plus grande et plus
inquiétante que jamais ? » (*Rev. pol. et parlem.* 10 juin 1911).

*même d'établissements nouveaux !* A côté et en compagnie des plus jeunes, qui présentaient encore des chances de relèvement, on dut fourrer et entasser ces nouveaux contingents dans les établissements ordinaires où, *entre autres choses*, ils ont partout semé la révolte (1). Il faut avoir vu une de ces rébellions pour mesurer jusqu'où elles peuvent aller. Dans son rapport sur le budget de l'administration pénitentiaire pour 1911, M. le député Félix Chautemps a rappelé tout le mal qu'avait fait la loi de 1906 dans les services de réforme pénitentiaire. « Le résultat de cette « promiscuité, disait-il, a été aussi lamentable qu'il devait « l'être. De l'avis unanime de tous les directeurs, insti- « tuteurs, gardiens, surveillantes laïques ou religieuses, « toutes les révoltes, toutes les évasions, le recul de tous les « efforts d'amendement et leur presque inutilité désormais « ont leur source certaine et inépuisable dans le recrutement « toujours plus considérable des mineurs de 18 ans (2). »

V. — De son côté, l'Assistance publique, débordée par les difficultés des tâches nouvelles qu'on lui avait imposées, pour lesquelles elle n'est pas outillée et pour lesquelles elle n'est pas faite, criait grâce. C'est ainsi que fut élaborée la loi du 28 juin 1904. Elle décida, d'une part, que l'Assistance publique pourrait, moyennant certaines formalités, remettre ses enfants trop *vicieux* à l'administration pénitentiaire. Et, d'autre part, pour les enfants trop *difficiles*, elle décida qu'il y aurait des établissements spéciaux, soit privés, soit départementaux. L'idée était bonne, commandée d'ailleurs par la nécessité. Mais le règlement d'administration publique du 4 novembre 1909, art. 10, précise que ces établissements ne sont destinés qu'à ceux des enfants qui, par leur mauvaise conduite dans le service, s'en seront montrés indignes. C'est le mal qu'ils y auront fait qui permet de les en faire sortir et de les mettre dans les établissement prévus. De plus, comme le constatait récemment M. Strauss dans la *Revue philanthropique* du 15 septembre 1913, ce règlement a découragé par ses exigences les conseils généraux et les philanthropes (3). Les uns et les autres se sont abstenus. Donc,

(1) Voir Jules Henriet, *Bulletin de l'Union des Sociétés de patronage*, année 1912, n° 1. L'auteur cite de nombreux exemples.

(2) Voir *infra* l'Appendice III.

(3) Cette leçon aura du moins servi à quelque chose. On sait que le Sénat vient de prendre en considération une proposition de loi déposée par M. Léon Bourgeois, tendant à instituer dans toute la France des dispensaires

en résultat, rien. Et l'Assistance publique est restée aux prises avec le désordre jeté dans ses services par les lois antérieures.

VI. — Enfin arriva l'invraisemblable loi du 11 avril 1908, relative à la prostitution des mineurs de 18 ans, garçons ou filles, loi dont on attribue bien injustement la responsabilité soit à M. le professeur A. Le Poittevin, soit à M. Bérenger. C'est la catégorie la plus difficile à tenir. On en avait la preuve décisive dans l'expérience de l'administration pénitentiaire du chef de l'article 66. La loi décide que ces mineurs pourront, par jugement du tribunal civil statuant en chambre du conseil, être placés, soit dans des établissements privés, soit dans des établissements publics. Mais à qui donner la direction de ces établissements *publics*? Serait-ce à l'administration pénitentiaire? On lui savait mauvais gré de son insuccès, d'ailleurs inévitable. Un très haut magistrat ne s'en cacha pas. « Personne, disait-il, ne voudrait entendre « parler de l'administration pénitentiaire pour la garde « des prostituées mineures ». Cette administration étant ainsi écartée, il restait l'Assistance publique Mais alors, on donnait à un service départemental la direction d'un service d'Etat. De plus, on se mettait en contradiction avec la loi du 28 juin 1904, qui l'avait autorisée à remettre ses enfants *vicieux* à l'administration pénitentiaire, et en contradiction encore avec la loi du 12 avril 1906 qui avait décidé que les tribunaux ne pourraient plus lui remettre des enfants ayant atteint 16 ans. On passa outre! Et en effet c'est à l'Assistance publique, qui (il faut le répéter sans cesse) n'était pas outillée pour cela, qui de plus n'a pas et ne peut avoir le personnel nécessaire pour un tel service, que fut remise la garde des prostitués mineurs, garçons et filles. Si minuscule qu'ait été cette expérience, elle a été à la fois incroyablement onéreuse et incroyablement malheureuse. N'était-ce pas fatal? Bien qu'il n'y eût seulement que quelques détenues, soit rue Saint-Maur, soit à Passy-sur-Yonne, on a cru pouvoir, plus d'une fois, par des moyens

d'hygiène sociale et de préservation anti-tuberculeuse. A ce sujet, M. le sénateur Herriot, maire de Lyon, dans le *Journal* du 29 novembre 1913, a écrit : « *Je souhaite que ces organisations ne soient pas écrasées par des règlements administratifs trop étroits.* La proposition de loi a prévu ce danger. Elle fait de ces dispensaires des établissements publics... *Elle associe à leur surveillance les représentants de la bienfaisance privée, ce qui est excellent.* »

très détournés et non moins incertains, recourir à l'administration pénitentiaire tant décriée. Inapplicable pour maintes raisons, la loi de 1908 est inappliquée. En résultat, elle vient immédiatement au-dessous de rien. Ce n'est pas assez dire : non seulement elle n'a pas fait de bien, mais, comme l'avait prévu M. le professeur Garçon, elle a fait du mal. Car, n'étant pas appliquée, elle a eu ce résultat, par l'abrogation du régime antérieur, d'ouvrir toutes grandes les portes de la prostitution aux mineurs de 18 ans qu'on en voulait arracher.

Que résulte-t-il de cet examen rétrospectif ?

Nous avions dans l'administration pénitentiaire, service d'Etat, et dans l'assistance publique, service départemental, deux grandes organisations, ayant chacune son objet propre, ses pratiques particulières et ses nécessités essentielles, deux grandes organisations qui, avec des défauts assez connus, mais non irrémédiables, avaient du moins l'une et l'autre une grande force d'unité.

Pour la réformation des enfants, nous avions une excellente loi, à laquelle, mettant à profit les leçons de l'expérience acquise, le Parlement pouvait sans peine faire de légères retouches et apporter de faciles additions, soit pour fixer au sujet des très jeunes enfants une minorité pénale absolue, soit pour décider la spécialité des audiences (1) et la

---

(1) Je ne dis pas le *huis clos*, même relatif, de ces audiences. Il y a là, selon moi, une innovation dangereuse pour diverses raisons. La publicité des audiences est la protection et la garantie tout à la fois des justiciables et des magistrats. Un grand avocat, le bâtonnier Nicolet, soutenait que, malgré les inconvénients de cette solution, il fallait aller jusqu'au *délibéré public*. Je redoute fort pour les enfants la mesure qui a été décidée. La justice peut à leur encontre devenir bureaucratique. *Nulla pœna sine lege*. Même « l'intérêt bien entendu de l'enfant » ne doit jamais être le moyen de *décisions de débarras*. Dans l'art. 4 § 2 de notre loi apparaît le sentiment de ce danger. — Cf. Garçon, *Rev. polit. et parlem.* 10 oct. 1911, p. 87. — D'autre part, quelles raisons, même médiocres, peut-on donner pour expliquer que des mineurs de 16 ans, ayant commis des *crimes* sans le concours d'adultes, soient traduits devant le tribunal pour enfants ?

Et comment comprendre qu'on enlève à cette catégorie d'accusés les garanties et le bénéfice des formalités irritantes de la Cour d'assises ? Présentées comme un progrès, de telles innovations ne sont-elles pas un évident recul ? Je serais bien surpris si, dans l'application, l'opinion publique ne manifestait pas ce sentiment.

spécialité des magistrats, à la condition de faire à ces derniers certains avantages comme en Belgique, soit pour décider que, n'étant jamais définitifs, les jugements pourraient être modifiés selon les circonstances et sous certaines conditions.

Après cela, il fallait veiller et tenir la main à l'exécution sérieuse et attentive de la loi.

Et, par application, il fallait d'abord rechercher pratiquement, expérimentalement, et réaliser ensuite les améliorations morales et matérielles que le service commandait ou pouvait comporter, notamment au moyen de sélections suffisantes et de discriminations dont la nécessité s'impose pour éviter les promiscuités périlleuses.

Mais on a procédé tout autrement.

Autour de la loi de 1850 — négligée, presque oubliée et maintenant assez mal connue (1) — ont poussé des lois parasites, surtout remarquables par leur défaut d'unité et d'équilibre, tombant tantôt d'un côté, tantôt d'un autre, au gré des circonstances, couvrant l'initiative privée de fleurs ou de brimades, suivant l'occasion, partant de points de vue différents, variables selon le moment, souvent contraires et entre eux souvent contradictoires (2).

Ce qui les caractérise, c'est une commune absence de prévisions pour l'exécution et les moyens d'application. Les statistiques sous les yeux, veuillez, je vous en prie, évaluer le personnel et compter le nombre d'établissements qu'il eût fallu à l'Assistance publique pour remplir les obligations dont l'ont chargée les lois de 1898 et de 1908 (3).

Parmi les lois que nous venons de revoir, quelle est celle dont on puisse dire qu'en résultat elle a fait du bien, le bien qu'on en attendait ?

Quelle est celle qui, en résultat, n'a pas eu de très fâcheuses conséquences ?

La conséquence dernière, vous l'avez vue, c'est la perturbation, c'est la confusion jetées à pleines mains dans le service de réforme de l'administration pénitentiaire et dans les services de l'Assistance publique.

Et c'était partout le mécontentement et partout le découragement dans ces deux services.

(1) « Cette loi qui est censée nous régir encore », a dit M. Henri Joly (*Rev. pénit.*, fév. 1897).

(2) Une commission a été nommée qui a reçu mission de codifier avec plus d'harmonie nos lois et règlements relatifs à l'enfance abandonnée ou coupable.

(3) E. Prévost, *la Prostitution des enfants*, p. 215 (Plon. éd.).

Tel était, non par hypothèse mais sûrement, l'état des esprits, quand un soir, au Musée social, M. Julhiet fit une conférence dont il peut être fier par le retentissement qu'elle a eu. M. Julhiet est un ingénieur que sa profession a conduit très souvent en Amérique où il a fait de longs séjours, pendant lesquels son esprit curieux s'est latéralement intéressé aux tribunaux pour enfants. C'étaient ces tribunaux qui faisaient l'objet de sa conférence. Elle eut un très grand succès. Ainsi lancée, l'idée se répandit comme le feu sur une traînée de poudre. De même qu'à certains moments on avait parlé de l'hypnotisme, puis du traitement médico-pédagogique, successivement présentés l'un et l'autre comme des panacées capables de nous arracher enfin au cauchemar de la criminalité juvénile (1), de même on ne parla plus que des tribunaux pour enfants.

Dans cette voie nouvelle, l'élan fut tel qu'on oublia, semble-t-il, que, si les Etats d'Amérique, restés en arrière au sujet de l'enfance coupable, faisaient maintenant quelque chose, nous pouvions de notre côté présenter non sans fierté nos titres valables, déjà septuagénaires, de précurseurs. Et n'oubliait-on pas aussi que, quelle qu'elle soit, et quelles que soient ses formes particulières de procédure, une loi de ce genre n'a et n'aura jamais que quatre solutions possibles, avec ou sans contrôle des effets produits, savoir : 1° la remise à la famille ; 2° le placement dans un établissement public ; 3° le placement dans un établissement privé ; 4° le placement chez un particulier. L'essentiel d'une telle loi et en vérité son tout est donc dans son exécution, c'est-à-dire dans les conditions de son application ou, en d'autres termes, dans ses résultats, non pas dans ses résultats sur le papier, dont il est vraiment trop commode de faire étalage et de s'enorgueillir, mais dans ses résultats exactement contrôlés, soigneusement fixés d'après des règles uniformes, comme celles par exemple qu'avait établies un distingué fonctionnaire, M. Raux, dont l'initiative n'a pas été suivie. Et encore, puisqu'une loi sur l'enfance coupable vaut, non pas par les spécialités de sa procédure, mais selon ses résultats, n'oubliait-on pas de nous renseigner positivement sur les résultats américains ? Je ne les conteste pas ; je dis seulement que j'entends plus de paroles satisfaites que je ne vois de chiffres bien établis.

(1) V. E. Prévost, *le Traitement médico-pédagogique.* Préface de M. Busson-Billault (Plon, éd.).

Cela tient peut-être à la faiblesse de mes yeux. Veuillez vous souvenir qu'un membre important du Parlement, M. Maurice Faure, a cru pouvoir dire, dans le *Journal* du 2 juillet 1909, que chez nous, « depuis 25 ans, la courbe de la criminalité, pour les mineurs de 16 ans, n'a cessé de s'abaisser d'une façon régulière et dans la proportion la plus sensible ». Ceux qui, au delà des mers, ont lu ce renseignement ont dû nous jalouser. En vérité, il n'y avait pas de quoi ! Y a-t il pour nous des raisons meilleures d'envier les autres ? Rappelez-vous le compte-rendu que nous ont fait de leur voyage en Amérique M. Schrameck et deux de nos collègues de la Société des Prisons. Bien placé pour saisir vite les détails et apprécier les différences, M. Schrameck ne nous a pas caché que les résultats qu'il avait vus n'avaient rien d'ébouriffant.

Quoi qu'il en soit, l'opinion fut chez nous si bien conquise, que, dès le début, on pouvait prédire qu'on aboutirait à une loi nouvelle (1). Cette loi a été faite. Si ses résultats sont pra-

---

(1) Et d'autant plus que l'universel phénomène de l'accroissement de la criminalité juvénile a suscité partout un grand effort de législation.

Au Danemark, la loi du 9 août 1891, qui avait organisé la surveillance des mineurs, fut suivie de la loi du 14 avril 1905 établissant des conseils de tutelle pour les enfants et adolescents moralement abandonnés ou délinquants.

En Allemagne avait été faite la loi du 2 juillet 1900 sur la liberté surveillée.

En Hollande, les lois des 6 et 12 février 1901, mises à exécution le 1er février 1905, ont établi la déchéance paternelle et créé des conseils de tutelle d'après le système allemand.

En Angleterre, la loi du 21 août 1907 a organisé un système de surveillance à l'instar des délégués américains et aussi le sursis non pas seulement à l'exécution de la peine, mais aussi à la condamnation.

En Italie, au mois de novembre 1909, fut constituée pour créer le *Code des Mineurs* une grande commission dont M. de Casabianca nous a fait connaître récemment les conclusions dans la *Revue Pénitentiaire*.

En Hongrie, un arrêté du 16 décembre 1909 a organisé la liberté surveillée.

En Russie, au mois de janvier 1910, fut institué pour Saint-Pétersbourg seulement un tribunal pour enfants.

En Espagne, qui avait déjà l'institution dénommée « *le Père des orphelins* », a été faite la loi d'avril 1910, qui institue un conseil supérieur de la protection des mineurs.

En Autriche, au mois de juin 1910, M. Baernreiter présentait son projet de loi.

En Suisse, au même moment, des projets consacraient dans plusieurs

tiquement et positivement favorables, j'y applaudirai des deux mains, et d'autant plus que la surprise de l'inaccoutumance s'ajoutera pour moi à la satisfaction.

Sans aborder le détail de ses dispositions, dont l'étude ne saurait rentrer dans l'objet spécial de ce rapport, nous nous demandons seulement si elle sera, si elle pourra être exécutée (1).

M. le bâtonnier Labori a nettement posé la question. « Le régime antérieur est aboli, dit-il ; comment procédera-t-on et que fera-t-on si, encore une fois, les moyens manquent pour l'application du régime nouveau ? »

Or, il ne semble pas que les moyens prévus soient absolument rassurants.

A ce point de vue, trois questions doivent être examinées.

*a*) — Quels sont les textes de la loi nouvelle? C'est-à-dire quelles sont les innovations qu'ils ont apportées?

*b*) — Quels sont pour ces innovations les moyens prévus ? Ces moyens sont-ils sûrs ou incertains ?

*c*) — Comment, avec les moyens qu'on aura, les dispositions novatrices de la loi pourront-elles être appliquées ? Et qu'arrivera-t-il si, pour telle ou telle d'entre elles, ces moyens font pratiquement défaut ?

*A*) TEXTES DE LA LOI NOUVELLE. — Il faut distinguer ceux qui concernent les mineurs de 13 ans et ceux relatifs aux mineurs de 18 ans.

S'agit-il des mesures préliminaires à propos des infractions à la loi pénale imputables aux mineurs au-dessous de 13 ans? L'article 3 porte : « Le juge d'instruction pourra « s'assurer de l'enfant, soit en le remettant provisoirement « à une personne digne de confiance, à une institution cha-

cantons la liberté surveillée et organisaient une chambre pénale pour enfants. — Au sujet des projets suisses, M. Cl. Griffe écrit : « Le danger, dans ce système que ne tempère point le souci de la tradition, c'est que, sous prétexte de hardiesse, l'on arrive à la témérité, quelquefois même à la folie. Aussi je ne connais rien de plus dangereux que certains projets suisses. » (*Les trib. pour enf.*, p. 276).

En Belgique, la loi du 15 mai 1912 est l'objet de sérieux efforts.

(1) Les dispositions de cette loi doivent être étudiées au mois de janvier prochain (1914) par la Société des Prisons au rapport de M. Paul Kahn.

Cf. l'étude que M. le juge d'instruction Guibourg a publiée à ce sujet dans la *Revue des Tribunaux pour enfants*, et celle de M. Monod dans la *Revue philanthropique*, p. 456.

« ritable reconnue d'utilité publique ou désignée par arrêté
« préfectoral, ou à l'Assistance publique ». C'est, ici, la repro-
duction de la loi de 1898, sauf que, si elle n'est pas reconnue d'utilité publique, l'institution charitable doit être désignée par le préfet, tandis que l'ancien texte ne formulait pas
cette condition. De même que dans la loi de 1898, l'initiative privée, à la différence de la loi de 1889, passe en première ligne, l'Assistance publique ne venant qu'après et en
cas de besoin.

S'agit-il des solutions possibles à l'égard des mêmes
enfants, âgés de moins de 13 ans ? L'article 6 dispose : « Si la
« prévention est établie, la Chambre du Conseil prend, par
« décision motivée, une des mesures suivantes : 1° remise
« de l'enfant à sa famille ; 2° placement jusqu'à sa majorité
« soit chez une personne digne de confiance, soit dans un
« asile ou internat approprié, soit dans un établissement
« d'anormaux, soit dans une institution charitable reconnue
« d'utilité publique ou désignée par arrêté préfectoral ;
« 3° remise à l'Assistance publique ». Comme vous le voyez,
la bienfaisance privée passe ici encore avant l'Assistance
publique qui n'arrive qu'en dernier lieu.

Passons aux enfants de 13 à 18 ans.

L'article 16 porte : « Les dispositions de l'article 4 de la loi
« du 19 avril 1898 continueront à être appliquées dans tous
« les cas de crimes ou de délits commis *sur* des mineurs ».
Remarquez que la loi nouvelle ne dit pas ici : *mineurs de* 16
*à* 18 *ans*; d'où il suit qu'elle a voulu désigner, comme dans
la loi de 1898, les enfants, mineurs de 21 ans, *victimes* de
délits ou de crimes.

Au sujet des mineurs de 13 à 18 ans, non plus victimes,
mais *auteurs* de délits ou de crimes, l'article 16 continue
ainsi : « Dans tous les cas de crimes ou de délits imputables
à des mineurs de 13 à 18 ans, le magistrat instructeur peut,
en tout état de cause, ordonner, le ministère public entendu,
que la garde du mineur sera confiée à sa famille, à un
parent, à une personne digne de confiance, à une institution
charitable reconnue d'utilité publique ou désignée par
arrêté préfectoral, ou à l'Assistance publique ». Vous voyez
la portée de ce texte, qui englobe tous les mineurs de
16 à 18 ans, auteurs de délits ou de crimes, quels que soient
ces délits, quels que soient ces crimes. Vous remarquez que
ce texte vise toute la période d'instruction et que, ici encore,

l'Assistance publique n'est citée qu'en dernier lieu. Question : ce texte abroge-t-il, pour la période d'instruction, la loi du 12 avril 1906 dans la partie portant que *ne seraient plus remis à l'Assistance publique les enfants de plus de 16 ans*? (1) Si ceux qui soutiennent l'affirmative ont raison, on devra se demander pour quels motifs le Parlement a décidé en 1912 de renouveler au préjudice de l'Assistance publique une expérience funeste qu'il avait jugée intolérable en 1906.

Enfin, modifiant l'article 66 du code pénal, l'article 21 de la loi nouvelle dispose :

« Lorsque le prévenu ou l'accusé aura plus de 13 ans et moins de 18, s'il est décidé qu'il a agi sans dicernement, il sera acquitté; mais il sera, selon les circonstances, remis à ses parents, à une personne ou à une institution charitable, ou conduit dans une colonie pénitentiaire, pour y être élevé et détenu pendant le nombre d'années que le jugement déterminera et qui toutefois ne pourra excéder l'époque où il aura atteint l'âge de 21 ans ». Ici l'Assistance publique est écartée; certains le regrettent (2). J'applaudis au contraire.

---

(1) Au cours des réunions dans lesquelles, au ministère de la Justice, a été préparé le règlement d'administration publique, il a été déclaré que la loi de 1912 ne faisait pas échec à la loi de 1906. On ne pourra donc, *pour le temps de l'instruction*, remettre à l'Assistance publique des enfants ayant plus de 16 ans.

(2) On a même prétendu que l'Asssistance publique était ici absolument tenue, non seulement pour les mineurs de 16 ans, mais encore, par abrogation tacite de la loi de 1906, pour les mineurs de 18 ans. Contre cette opinion, M. Mirman s'est exprimé ainsi : « *Je ne puis croire qu'un tel malheur nous soit réservé; songez à ce que sont la presque totalité de ces mineurs criminels ou délinquants de 16 à 18 ans; songez que certains établissements privés pour pupilles difficiles n'acceptent pas les pupilles au-dessus de 16 ans, et demandez-vous ce qu'il adviendra d'un service départemental, de la paix matérielle de son établissement dépositaire, de la considération de l'ensemble de ses enfants, de la valeur morale de ses placements, si quelques douzaines de jeunes et redoutables gamins lui sont envoyés. Non, je ne puis croire que, par prétérition, sans débat, sans enquête, le Parlement ait consenti à porter au service des Enfants assistés un si terrible coup* » (RAPPORT au Conseil supérieur de l'Assistance publique, 10 déc. 1912).

En droit, la question paraît simple : à la différence des articles 6 et 16 précités qui, pour deux situations moindres, ont mentionné (et encore en dernière ligne) l'Assistance publique, l'article 21 ne la mentionne pas pour une situation infiniment plus lourde; donc, à moins d'ajouter au texte, il est impossible de la considérer comme désignée dans l'article 21, d'autant plus impossible que cette interprétation arbitraire aboutirait à mettre gratui-

Il reste donc d'abord la bienfaisance privée, à laquelle l'enfant peut être *directement* confié, et en second lieu seulement, l'administration pénitentiaire.

En quoi ces textes innovent-ils?

Pour les mineurs de 13 ans, il y a désormais une présomption absolue d'irresponsabilité. La loi en a tiré cette conséquence que ces mineurs comparaîtraient en *chambre du conseil*. Donc impossibilité d'un mandat de dépôt. Par rapport à ces enfants, il ne peut être question à l'avenir que de mesures d'éducation.

Quant aux mineurs de 13 à 18 ans, ils pourront comme auparavant être mis sous mandat de dépôt. Pour le fond, subsiste la question de discernement. Sont-ils déclarés discernants? Ils encourent des sanctions pénales, d'ailleurs atténuées, s'ils n'ont pas plus de 16 ans. Sont-ils déclarés non-discernants? En tant que mineurs de 16 à 18 ans, ils peuvent, le cas échéant, être soumis à des mesures de réformation morale. Mais si les textes ne créent ici aucune innovation essentielle, il est manifestement dans l'esprit de la loi nouvelle et dans sa tendance générale de faire prédominer les mesures de rééducation sur les sanctions de répression.

B) Moyens d'exécution. — Au moins sur un point, l'administration pénitentiaire présente matériellement un avantage considérable, d'ailleurs fort onéreux, puisqu'il y a plus de 80 prisons départementales dont l'effectif moyen n'atteint pas même ou ne dépasse pas 5 détenus. Cet avantage c'est que, près de chaque tribunal, elle a partout des établissements et un personnel de service. Ainsi et en tous cas sont rendues facilement possibles soit les détentions soit les opérations d'instruction. Néanmoins et malgré cela, la loi de 1912 a, tout autant qu'elle l'a pu, écarté le concours de l'administration pénitentiaire. Cette préoccupation est évidente. « C'est, dit M. P. Strauss, c'est à des institutions charitables et, *à leur défaut*, à l'Assistance publique qu'il sera fait appel... La loi sur les tribunaux pour enfants et sur la liberté surveillée, excellente en soi, louable en ses

tuitement dans la loi une solution destructive du service des enfants assistés.

Cf., en ce sens, notamment Nast et Kleine, p. 225; — Guibourg, *Revue des Tribunaux pour enfants*, p. 104; — Paul Kahn, rapport ci-après, p. 58; — J. Monod, *Rev. philanth.*, 1914, p. 464.

dispositions novatrices et préservatrices, vaudra ce que la feront et les institutions charitables et l'Assistance publique » (1).

C'est donc sur les institutions charitables de la bienfaisance privée que le législateur a d'abord compté pour l'application de cette loi. Le concours de l'initiative privée y est tenu pour une nécessité.

Mais précisément parce que ce concours est une nécessité pour l'application de la loi, des difficultés de toutes sortes surgiront par la force même des choses. Il n'est pas possible d'en douter

Partout, en effet, c'est-à-dire près de chaque tribunal, il faudrait au moins deux institutions charitables, l'une pour les garçons et l'autre pour les filles. Il n'y en a pas partout, et il ne faut pas penser qu'il puisse y en avoir jamais partout.

Là même où il y en a, elles ne voudront et ne pourront pas toutes accepter la collaboration à laquelle la loi les convie, et cela à cause de leur objet particulier qui pourra s'y opposer ou à cause du poids même de cette tâche, qui sera d'autant plus inquiétante qu'on ne pourra préalablement en mesurer les chances (2). Pour la catégorie des enfants dont il s'agit, il faudra en général des établissements spécialement organisés à cet effet. Ils ne sont pas nombreux. Et encore faut-il se souvenir de ce qui, par exemple, est arrivé à Marseille : l'établissement privé qui, à la demande du Comité de défense, avait consenti à donner son concours pour la garde provisoire des filles, a dû y mettre fin, tant elles se montraient insubordonnées.

Pour multiplier les concours et encourager les institutions charitables et les particuliers, le règlement d'administration

---

(1) Il faut d'ailleurs observer que ces lignes constituent *presque* un pléonasme. Car, pour des raisons qui sont bien connues et qui au surplus seront exposées plus loin, p. 26, quand on parle ici de l'assistance publique, c'est encore à l'effort des bonnes volontés privées qu'on s'adresse.

(2) Dans le cabinet de M. Mirman, j'ai entendu M^{me} Teutsch, qui ne manque pourtant pas de hardiesse, exposer, comme principe, que les œuvres privées, soucieuses de leurs destinées, ne devaient ni ne pouvaient recevoir des enfants sans les avoir vus au préalable et questionnés, c'est-a-dire sans avoir pesé tout d'abord les possibilités de leur admission. — Pour la même raison, certaines œuvres n'acceptent les enfants qu'en vertu de l'art. 66 C. pén., et jamais, ou presque jamais en vertu de la loi de 1898. La peur de la réintégration facilite la discipline.

publique, en son article 16, donne par enfant une allocation quotidienne qui peut aller jusqu'à 1 fr. 50 pour les placements provisoires et 1 fr. 25 pour les placements définitifs, sauf augmentation dans certaines circonstances prévues.

A ce sujet, M. Jules Praydu, dans un article sur *la Bienfaisance privée en péril*, publié par *le Mouvement social* du 15 novembre 1913, a fait cette observation : « Rien n'indique par quelles mains ces sommes seront payées. La pratique montre que ce n'est pas là une question indifférente et de simple détail. La loi nouvelle est conçue dans un esprit trop hostile à l'administration pénitentiaire pour qu'on puisse à cet égard songer à lui demander son concours » (1).

Quoi qu'il en soit, ces subventions constituent évidemment un encouragement.

Encore faut-il remarquer qu'à côté des obligations que cette collaboration spéciale comportera envers le mineur, et en outre des soucis qui lui sont inhérents, il y aura d'autres charges.

Notamment celles que créeront les visites des parents. L'article 11 du décret d'administration publique porte : « Le juge d'instruction désigne, lorsqu'il prescrit un placement provisoire, les membres de la famille et les autres personnes qui seront autorisées à visiter le mineur ». Il n'est pas un praticien de la bienfaisance qui ne vous dise combien, selon les cas, les visites des parents peuvent troubler et exciter les enfants, quand encore elles ne vont pas plus loin, beaucoup plus loin (2). Les établissements privés se tireront plus aisément que les particuliers de cet embarras, avec lequel il faudra compter.

Et notamment encore certaines charges, qui, me semble-t-il, n'ont pas été mises suffisamment en lumière et qui seront pourtant très lourdes si on ne trouve le moyen de les écarter. En effet, pendant les opérations de l'instruction et aussi pour les débats, ne faudra-t-il pas mener les enfants au tribunal, qui pourra être éloigné, les y attendre, les en ramener ? En cas d'appel, il faudra les mener à la Cour, et, par exemple, de Reims à Paris, de Brest ou de Nantes à Rennes, du Havre à Rouen, de Dunkerque à Douai, de La

---

(1) Cependant voir *infra*, p. 38.

(2) Cf. Théophile Roussel, *Rev. pénit.* 1880, p. 580 ; G. Vidal, *Dr. crim.* p. 214. — Certaines œuvres, et non des moindres, n'acceptent, à cause de cela même, les enfants que sous la protection de la loi de 1889.

Rochelle ou Rochefort à Poitiers, de Cette à Montpellier. Même observation au sujet des demandes en libération et des demandes en modification de placement, lesquelles, renouvelables tous les ans, devant le tribunal qui a statué et en appel, seront fréquentes. Toutes ces causes motiveront des déplacements nombreux dans un établissement où il y aura seulement quelques enfants. Qui les paiera et, le cas échéant, qui paiera les frais de séjour ? (1).

Et surtout, la question de dépense mise à part, la gêne de ces déplacements ne sera-t-elle pas rebutante pour les particuliers? On peut penser qu'elle fermera au moins certaines portes.

Enfin, là même où on trouvera des établissements pouvant et voulant donner leur concours, disposeront-ils toujours de places suffisantes pour les deux contingents des garçons et des filles ?

Est-il besoin d'ajouter que, s'agissant d'enfants souvent peu commodes à tenir, les institutions charitables, non spécialement organisées, hésiteront d'autant plus qu'il leur faudra compter avec la juste crainte des mutineries, qui n'ont point été rares, depuis 1906, soit dans les établissements privés soit dans les établissements publics ? Si les textes feignent d'oublier, la pratique de chaque jour rappellera avec autorité que, parmi les adolescents de 16 à 18 ans, se trouvent maintenant, et de plus en plus, de véritables bandits, dont, pendant l'instruction, la garde ne sera pas acceptée volontiers.

Pour illustrer cette observation, reportons-nous par exemple au *Journal* du 5 décembre 1913, où, en dernière heure, étaient rapportés les exploits de « trois criminels précoces ».

A Nantes, Paul Fourissou, ouvrier électricien, qui n'a pas encore 18 ans, avait en plein jour, dans une maison où il travaillait, et où il voulait voler, assassiné une domestique en lui broyant à coups de marteau le crâne, d'où avaient jailli

(1) Cf. ci-après, l'Avis de M. Marin et l'Avis de M. Mourral sur ces questions *où très souvent, en raison des distances, il s'agira de dépenses importantes, dont les œuvres privées ne pourront assumer la charge.* D'autres questions se présentent au même point de vue. Quand il s'agira d'un placement définitif, l'établissement devra-t-il aller chercher l'enfant? Ou bien l'enfant sera-t-il amené dans l'établissement? Par qui? Cf. C. Griffe, *les Trib. pour enf.*, p. 365.

des débris de cervelle, et en lui tranchant avec un rasoir la gorge sur 10 à 12 centimètres.

A Douai, en plein jour et dans une des rues les plus fréquentées de la ville, René Libberecht, rattacheur à Roubaix, âgé de 17 ans, avait tenté, pour la voler, de bâillonner une commerçante et de la tuer à coups de rasoir.

A Briey, petite ville de 2.500 habitants, Robert Bardol, à peine âgé de 16 ans, déjà condamné pour coups à sa mère, et dont la suprême ambition, a-t-il déclaré, était de démolir un gendarme ou un commissaire, menaçait les passants de son revolver et de son couteau. On a ensuite appris qu'il avait blessé quatre personnes à coups de revolver et une institutrice à coups de couteau.

Ces néophytes avaient, il est vrai, plus de 16 ans. Mais, dans la même semaine, nous apprenions :

Qu'à Paris, Charles Durasson, âgé de 15 ans, avait voulu assommer son père avec un coup de poing américain ;

Qu'à Saint-Christophe-de-Double, petite localité de 1.100 habitants dans la Gironde, Auguste Jaffard, âgé de 15 ans, avait tué d'un coup de fusil son camarade Villenave, âgé de 13 ans ;

Qu'à Fay-les-Nemours, localité plus petite encore, de 220 habitants, en Seine-et-Marne, René Desrues, âgé de 15 ans, avait violé une fillette de 10 ans.

Dans son numéro de ce jour, le *Matin* donnait, pour l'année en cours, un lamentable relevé des principales affaires où les coupables sont des enfants, même de très jeunes enfants. Exemples :

11 janvier : Toupenet, 11 ans, cambriole un débit à Pontoise ;

21 mars : Lefebvre, 11 ans, arrêté pour vols de montres rue de Rivoli ;

14 avril : Landry, 9 ans, poignarde son camarade Adolphe, quai de la Loire ;

26 avril : Audrin, 11 ans, arrêté pour cambriolage à Corbeil ;

1$^{er}$ juin : Ducarouge, 12 ans, assaille M$^{me}$ Liminet à Champlecy ;

2 juin : Longin, 12 ans, incendie un immeuble à Sagy (Saône-et-Loire) ;

29 juin : un gamin de 12 ans tente de tuer M$^{me}$ Turpin à Saint-Romain ;

25 juillet : Guardot, 9 ans, incendie un immeuble de Montbéliard ;

6 septembre : Lancelot, 9 ans, jette à l'eau son camarade Guégan, à Baud (Morbihan);

27 novembre : Raymond Magniez, 12 ans 1/2, arrêté pour tentative d'assassinat de M^me Derloche, à Cayeux.

Je vous prie de remarquer que certains de ces méfaits ont été commis, non pas dans de grandes villes, non pas même dans des villes, mais dans de petites localités.

Même en mettant les choses au mieux, on ne peut nourrir l'illusion que le concours des institutions charitables ou des particuliers ne fera jamais défaut.

Dans les villes où, pour quelque raison que ce soit, ce concours manquera totalement ou partiellement, comment fera-t-on?

Alors, dit la loi, on s'adressera à l'Assistance publique dans les conditions prévues.

Mais cette perspective, qui aurait pu la remplir d'orgueil, ne paraît pas du tout la réjouir, si peu même que certains lui soupçonnent ou lui attribuent des intentions de formelle résistance (1). Si le nouveau fardeau dont elle est menacée ne lui cause que des alarmes, on ne peut vraiment en être surpris. Elle n'a nulle part d'établissements. Comment imagine-t-on qu'elle pourra s'acquitter du nouveau soin dont on la charge? Écoutons M. Mirman lui-même. « Cette loi, dit-il, « va encore augmenter le nombre des mauvais sujets que les « tribunaux confieront à l'Assistance publique, mauvais « sujets dont la très grande majorité sont inaptes à bénéficier « d'un placement familial *et dont on se demande avec inquié-* « *tude ce que fera l'Assistance publique*, aussi longtemps que « les établissements prévus par la loi de 1904 ne se seront « pas multipliés. » (Voir *supra* p. 11 *in fine*.)

---

(1) Notamment M. E. Passez, dans un article publié dans la *Gazette des Tribunaux* du 17 décembre 1913, c'est-à-dire le lendemain de ce rapport. « Se « refuserait-elle, dit-il, à accepter les enfants? Nous croyons alors qu'ils « pourraient lui être imposés et que l'Assistance publique n'a pas le droit de « refuser de *recevoir* les mineurs qui lui seraient confiés par le tribunal « pour enfants, comme la Cour de cassation l'a décidé par un arrêt du « 14 août 1902 (Cambreleng), quand il s'agit des mineurs confiés à l'Assistance « publique en vertu de l'article 5 de la loi du 11 avril 1908. » M. Passez s'est placé à un point de vue qui, je crois, n'est pas exact. Nous n'avons pas à rechercher si, *dans les limites fixées par la loi*, les services départementaux d'assistance seront tenus de recevoir les enfants qui leur seront confiés. Il s'agit de savoir : 1° ce qu'ils en feront; 2° si, n'ayant aucun moyen propre de les conserver, ils auront raison de le crier en toute occasion pour dissuader les tribunaux de décisions inexécutables.

Supposons exécutée la loi de 1904. Au mieux, il y aurait par département deux établissements, l'un pour garçons et l'autre pour filles; et, plus ou moins proches d'*un* des tribunaux de ce département, ces établissements seraient éloignés de tous les autres. Dans quelles conditions procéderait-on notamment à l'instruction des affaires ? Les nécessités de la pratique poseront sans cesse cette question des distances. A ce point de vue même, il faut ne pas oublier que les établissements prévus par la loi de 1904 peuvent être interdépartementaux et que les départements peuvent traiter avec des établissements privés, même très éloignés. Par exemple, le préfet de Constantine avait à un certain moment proposé de traiter avec l'Atelier-Refuge de Rouen (1).

Mais, comme vous le savez, la loi de 1904 n'est pas exécutée, et on peut tenir pour certain qu'elle ne le sera pas tant que subsisteront les exigences du décret d'administration publique. Et en attendant ?...

En attendant, l'exécution de la loi dépendra uniquement de la bienfaisance privée, car l'Assistance publique n'aura d'autre ressource que de traiter elle-même avec des établissements privés ou de recourir au placement familial.

Mais il est trop clair que ces deux expédients seront plutôt rares ou tout au moins difficiles.

En effet, dès à présent, l'Assistance publique ne trouve pas assez d'établissements privés pour y placer tous les enfants difficiles ou vicieux dont elle a la charge et qu'elle ne sait dès lors où mettre. L'augmentation de cette catégorie ne facilitera pas sa tâche.

Et quant aux particuliers, comme on ne pourra leur cacher la catégorie à laquelle appartiennent les enfants qu'on leur proposera (2), et cela à cause notamment du droit de visites, de l'obligation d'un rapport trimestriel aux magistrats et de la nécessité de les accompagner au tribunal, on a lieu de s'attendre à plus de réserves que d'empressement. Un jeune incendiaire n'est pas un hôte de tout repos et par définition un petit vagabond n'est pas facile à garder. De plus, pour les mineurs de 13 ans ainsi placés chez des particuliers, comment exécutera-t-on l'obligation scolaire ? Les enverra-t-on à l'école publique ? (3)

---

(1) Cf. l'Avis de M. le conseiller Marin, p. 82.
(2) Voir *supra*, p. 9 et l'Appendice I.
(3) Voir, dans l'Appendice I, p. 101, les observations de M. l'inspecteur Cam-

Mais prenez garde que, si les latitudes n'apparaissent pas très larges dans les conditions où nous avons raisonné jus-

billard sur la question de scolarité relativement aux jeunes mauvais sujets judiciairement remis à l'Assistance publique en vertu de la loi de 1898. Ici se pose une autre question. Dans ses articles 6, 21 et 22, la loi dit qu'il pourra y avoir des délégués, chargés, sous la direction des magistrats, d'assurer la surveillance du mineur de 13 ans ou du mineur de 18 ans remis à sa famille, à une personne ou à une institution charitable. Ces dispositions sont-elles applicables à l'Assistance publique pour les mineurs qu'il sera possible de lui confier et qu'elle placera elle-même dans des œuvres privées ou chez des particuliers? Non. Les textes sont volontairement muets à cet égard. Et cela pour trois raisons exposées par M. Cambillard, inspecteur départemental de l'Oise : — 1º Que serait devenu « ce principe, véritable pierre angulaire du service, *le secret du placement* et qui fait l'objet de l'art. 22 de la loi du 27 juin 1904 ? — 2º Les enfants sont souvent placés au loin, en dehors des limites départementales. « Chaque département doit en théorie recruter ses gardiens comme ses patrons chez lui. Ce cadre est souvent trop étroit et en fait plusieurs départements, sans parler de la Seine, ont dû, sous la pression des nécessités, le briser et chercher au dehors ce qu'ils ne trouvaient pas chez eux. Le Rhône, la Gironde, les Bouches-du-Rhône, Seine-et-Oise, Seine-et-Marne, l'Oise sont dans ce cas ; quelques autres peut-être ; ils ont dû recourir à des agences extérieures de placement et envoyer au loin, sous la surveillance d'agents spéciaux, tout ou partie de leur effectif. » — 3º A cause du secret du placement et souvent aussi dans l'intérêt même de l'enfant, c'est un principe administratif que celui-ci doit être éloigné de sa famille. « A ce point de vue, les départements même les plus favorisés ne présentent pas toujours la possibilité de s'y conformer ; et cependant c'est nécessaire dans l'intérêt du service, dans l'intérêt des enfants ; il y a des pupilles, les moralement abandonnés notamment, qu'il faut absolument soustraire à l'influence de leur famille, sinon tout effort de régénération et de redressement est vain... Il faut à des natures dévoyées par leurs parents enlever la possibilité de reprendre contact avec eux » (*Revue philanthropique*, juillet 1912, p. 285). Au mois de mars dernier, dans son rapport, le président du Patronage des enfants abandonnés ou traduits en justice des Alpes-Maritimes, M. Dormand, ancien premier président de la Cour de Toulouse, exposait que cette œuvre envoyait des enfants à Frasne-le-Château. Et il en donnait la même raison : « l'expérience, disait-il, a démontré que pour arriver a l'amendement de la plupart des sujets, il fallait les éloigner du milieu de Nice autant que possible » (*Bull. de l'Union des Soc. de patronage*, 1913, p. 158). — En fait, le rôle du délégue ne se comprend véritablement que quand l'enfant est laissé en liberté surveillée dans sa famille. S'il est remis à un particulier, celui-ci, qui doit d'ailleurs être contrôlé, serait souvent et très vite fatigué d'interventions trop multipliées. Et s'il est remis à une institution charitable, la désignation d'un délégué serait ordinairement et presque inévitablement nuisible à cause de la fréquente divergence des points de vue (V. *infra* l'Avis de M. Marin). En ces deux derniers cas, les faits empêcheront eux-mêmes la question des délégués de se poser : c'est d'abord que, même fait directement par les magis-

qu'ici, elles seront de surcroît bien plus resserrées encore dans la réalité.

En effet, à cause des nécessités de l'instruction, l'art. 3 de notre loi porte que les enfants devront être provisoirement placés « *au siège du tribunal compétent* ». C'est dans la ville de ce siège, c'est là. et là seulement, que le placement devra avoir lieu, soit dans un établissement privé soit chez un particulier. On ne peut écarter ainsi la difficulté des distances pendant l'instruction que pour tomber dans une autre. Car on raréfie le nombre des établissements possibles. Et quant au placement familial, qui n'était guère que rural, il devient ici essentiellement urbain. Cette innovation ne porte pas en soi ses garanties de succès. Et dans chaque département comment concevez-vous le rôle de l'inspecteur de l'Assistance publique au regard des tribunaux autres que le tribunal du chef-lieu ? Il est sans doute permis de dire que, parmi les embarras que leur suscitera le placement provisoire, les juges d'instruction n'auront pas du moins l'embarras du choix (1).

trats, le placement définitif sera très souvent éloigné ; c'est ensuite que les magistrats seront sans doute très souvent amenés à confier les enfants à l'Assistance publique précisément pour lui laisser le soin de chercher des placements (V. *infra* l'Avis de M. Mourral qui a spécialement étudié ce point).

(1) Cependant, en sens tout contraire, j'ai rencontré cette opinion : « Ce local peut être une dépendance de la mairie, de la justice de paix ou du palais de justice. C'est une question de pratique, dans laquelle le juge jouit d'une liberté absolue de choix ». Si, sur la foi de ces lignes, les juges d'instruction se croyaient rassurés, dans cette « question de pratique », par la « liberté absolue de choix » qu'elles leur donnent, je serais presque tenté de leur insinuer la possibilité d'un mécompte. Car je n'aperçois pas très bien comment et par qui les petits garnements dont il s'agit seraient reçus, soignés et gardés, de jour et de nuit, soit à la mairie, soit à la justice de paix, soit au palais de justice. A la mairie ! Comment oublier que, en vertu du règlement consécutif à la loi du 11 avril 1908, c'est à la mairie que doivent être retenus les jeunes prostitués, garçons ou filles, mineurs de 18 ans ? La place est déjà prise. *Uno deficiente non deficit alter.* Et n'aura-t-on pas le musée, la bibliothèque, la serre du jardin public ou le clocher de l'église ?... Tout cela pourrait s'écrire ainsi : o = o. Et cependant la détention préventive de ces enfants s'impose et s'imposera très souvent, comme l'a exposé le Comité des enfants traduits en justice, le 4 mars 1896, au rapport de M. Eug. Crémieux. « Cette détention est toute tutélaire, disait ce dernier, et ne peut être comparée à la prévention subie par l'inculpé adulte. »

Plus loin on verra la solution proposée par la Commission constituée par M. le président Monier. — Voir aussi dans l'Appendice II les observations de M. Vidal Naquet.

En tenant ce langage, je n'ignore pas que j'encours des récriminations, comme si exposer des difficultés c'était les créer.

Comme je ne gagnerais rien à m'en abstenir, je ferai encore une observation. Je vous parlais tout-à-l'heure des indisciplinés et des mutineries. Surtout depuis la loi de 1906, qui a reculé la majorité pénale, l'expérience défend les illusions à cet égard. En pareils cas, pour les enfants que l'administration pénitentiaire remet à des institutions privées, la situation se règle aisément. Dès qu'elle est prévenue, cette administration retire aussitôt les enfants qui lui ont été signalés et elle en reprend personnellement la pénible charge dans ses établissements. L'opération est en général très prompte, et il faut qu'elle le soit. D'après la loi nouvelle il faudra procéder autrement. L'article 15 du règlement d'administration publique porte : « La personne, l'institution charitable privée ou le service d'assistance publique qui se trouve dans l'impossibilité de conserver la garde d'un mineur adresse une requête motivée au président du tribunal aux fins d'être déchargé de cette mission. Le président prend, s'il y a lieu, toutes mesures provisoires qu'il juge nécessaires et assure à l'enfant l'assistance d'un défenseur. Le tribunal statue d'urgence.....» Cette prévision est légitime ; j'ajoute même qu'elle est en soi très heureuse. Considérez néanmoins que, d'après ce texte, tout déplacement de l'enfant doit faire l'objet d'une instance devant le tribunal qui a ordonné le placement et dans laquelle l'enfant, assisté d'un défenseur, sera lui-même partie, et vous apercevez encore des difficultés pratiques qui ne seront pas petites. D'une part, le lieu où l'enfant est placé peut être loin, très loin, du siège du tribunal qui doit statuer (1). D'autre part, les mutineries, qui ont si souvent éclaté dans les établissements publics, prouvent à l'évidence que les choses ne pourront

___

(1) On voit ce que seront en ce cas les dépenses de voyage, comme aussi dans les demandes en libération anticipée, renouvelables tous les ans. (Art. 10.) Les plus indisciplinés pourront-ils former ou faire former par leurs parents une demande en libération anticipée à seule fin de se donner le plaisir d'un long voyage en première instance et en appel ? — La libération anticipée sera considérée comme un droit, dont l'échec, attribué aux renseignements défavorables donnés par l'établissement, y suscitera des indisciplines (Cf. l'Avis de M. Marin et, dans l'Appendice III, les Avis du directeur de la colonie publique des Douaires et de M. Bruu, directeur de la colonie de Mettray).

pas toujours marcher de ce pas tranquille. Les établissements ou les particuliers arriveront, le cas échéant, à une solution plus rapide en laissant leur porte entrebâillée ou en oubliant de la fermer. Cette pratique n'est pas rare pour les enfants de la loi de 1898. Elle n'en est pas meilleure pour cela.

De quelque côté qu'on se tourne, il y a donc certitude que manquera souvent le concours de l'initiative privée, comme manquera souvent aussi celui de l'Assistance publique.

*C*) COMMENT FERA-T-ON QUAND CES CONCOURS MANQUERONT? — Ici revient la distinction entre les mineurs de 13 ans et les mineurs de 18 ans.

Pour les placements *définitifs* des mineurs de 13 ans, selon les termes de l'article 6, je pensais que, malgré les difficultés que je vous ai exposées, la bienfaisance privée pourrait y suffire dans une grande mesure, à la condition d'ailleurs que ces placements puissent se faire là où on trouvera à les faire, et au besoin plus ou moins loin.

Mais, en ce point même, certains redoutent que la loi ne soit pas facilement exécutable (1). Si elle n'est que peu

(1) Dans l'article précité, M. E. Passez voit ici de grandes difficultés. « Il y « en a, dit-il, une fort grave, qui peut faire échouer l'application de la loi, « comme cela est arrivé à la loi du 11 avril 1908 sur la prostitution des « mineurs... Elle ne pourra être appliquée que s'il existe des établissements « qui recevront les mineurs au dessous de 13 ans des mains des magistrats « spécialisés. Or, il n'existe ni asile, ni internat approprié et les établisse- « ments d'anormaux font absolument défaut, au moins en tant qu'établisse- « ments publics. Comment donc fera-t-on pour appliquer la loi au mois de « mars prochain? Se trouvera-t-on en présence d'une nouvelle faillite légis- « lative? » (V. J. Monod, *Rev. philanth.*, 1914, p. 462 et 465.)

De même, M. Paul Kahn : « Il n'y a en effet, écrit-il, pour ainsi dire pas « d'œuvre privée qui puisse recueillir des mineurs de 13 ans, *et cela en rai- « son de la loi sur l'obligation scolaire*. Les seules œuvres qui pourraient « utilement les recevoir sont des œuvres congréganistes qui, *par là même*, se « trouvaient dans l'impossibilité de recevoir régulièrement ces enfants des « tribunaux, et cela est fort regrettable, car certaines d'entre elles sont admi- « rablement organisées ». (*Revue des tribunaux pour enfants*, p. 13.)

Mais, à cet égard, il faut se reporter à la loi du 7 juillet 1904, relative à la suppression de l'enseignement congréganiste, dont, à propos des congréga- tions mixtes, l'art. 3 porte : « Seront fermés dans le délai de 10 ans prévu à « l'art. 1 : 1°...; 2° Toute école ou classe annexée à des établissements rele- « vant d'une des congrégations visées par le § 4 de l'art. 1, *sauf exception • pour les services scolaires uniquement destinés à des enfants hospitalisés, « auxquels il serait impossible, pour des motifs de santé ou autres, de fré-*

appliquée, le nombre de ces mineurs s'élèvera de 600 à

« *quenter une école publique*. » En dehors de l'impossibilité résultant de la
santé des enfants recueillis, il y a donc, aux termes mêmes de la loi, d'*autres*
impossibilités.

Notamment impossibilité matérielle, car la petite école d'un bourg ne pourrait matériellement pas recevoir les enfants d'un orphelinat. Le rapport à la
Chambre porte : « L'autorisation de diriger un orphelinat ne serait donc
« désormais accordée à des congrégations qu'à la condition qu'elles feront,
« *à moins d'empêchement de force majeure*, fréquenter à leurs pensionnaires
« *l'école publique* ». (Sirey, 1905, *Lois annotées*, p. 869, col. 3.)

Notamment encore impossibilité morale, car l'école publique, même suffisante, ne pourrait moralement pas recevoir les enfants d'une institution charitable de réformation. Telles les œuvres recevant des enfants de l'administration pénitentiaire, soit des filles comme la maison de Bavilliers, près
Belfort, ou précédemment l'Atelier-Refuge de Rouen, soit des garçons comme
l'école Saint-Joseph de Frasne-le-Château, village de 500 âmes, dans l'arrondissement de Gray (Haute-Saône). Telles aussi les œuvres qui, selon la loi du
28 juin 1904, reçoivent des enfants difficiles ou vicieux de l'Assistance publique
comme le Bon-Pasteur de Moulins, d'Angoulême, d'Écully (Rhône), de Saint-
Omer, du Mans, de Poitiers, — Notre-Dame de la Charité du Refuge de Caen,
de Besançon, de Versailles, de Montauban, — la Miséricorde de Penhars
(Finistère), — la Solitude de Nazareth (Montpellier), — le Refuge de Saint-Cyr
(Rennes), — Notre-Dame de la Charité du Refuge des Dames Blanches (Nantes),
— Notre-Dame de la Miséricorde (Laval), — le Refuge de la Solitude (Lyon),
— Notre-Dame de Beaumont de Lamagne (Tarn-et-Garonne). Le rapport à la
Chambre porte : « La commission, d'accord avec le gouvernement, propose
« de maintenir, dans les établissements hospitaliers, les écoles ou les classes
« destinées à des enfants qu'on a jugé nécessaire d'hospitaliser dans des con
« ditions exceptionnelles, soit pour cause de santé, soit en raison d'infirmités
« qui exigent un mode d'éducation spéciale, *soit à titre pénitentiaire*... Dans
« ces divers cas et dans ceux que pourra déterminer le règlement d'adminis
« tration publique prévu pour l'application de la loi, les enfants dont il
« s'agit, ne pouvant fréquenter sans inconvénients une école située en dehors
« de l'établissement où ils sont recueillis, *il est nécessaire que l'établissement*
« *lui-même leur donne l'instruction obligatoire* ». (Sirey, *l. c*, p. 869, col. 2.)

Cette impossibilité morale a été reconnue et constatée, pour sa maison
d'Orléans et sa maison de Reims, à l'égard du Bon-Pasteur, congrégation
mixte, qui donnait l'enseignement et, d'autre part, reçoit, conformément à
ses statuts, des enfants infirmes, orphelins ou abandonnés, des jeunes filles
et des enfants vicieux ou dont la conduite est mauvaise. Les services scolaires
destinés à cette catégorie d'enfants devaient-ils subsister ? Une décision
ministérielle en ordonna la fermeture. Cette décision a été annulée pour excès
de pouvoir par deux arrêts du Conseil d'Etat du 13 nov. 1908 (Lebon, 1908,
p. 915). Le texte de l'arrêt rapporté est suivi d'une note. « En faisant cette
« exception, dit cette note, on a voulu viser les classes destinées à des enfants
« hospitalisés, qui, *d'une manière générale*, ne peuvent sans inconvénients,

1.000 environ (1). Mais si elle est sérieusement exécutée, le nombre pourra en être considérable. (V. *infra* la note p. 78.)

Sur le placement *provisoire* des mineurs de 13 ans, c'est-à-dire sur l'application de l'article 3, je dois appeler toute votre attention. La question est très importante, non seulement à la considérer en soi, mais aussi et surtout parce que sa solution marquera, avec des répercussions étendues, une orientation générale d'interprétation de la loi.

Deux opinions se sont formées. Je vais essayer de vous les exposer clairement. Comme chacune d'elles a parmi vous des défenseurs, ils me rectifieront si j'ai mal traduit leur pensée.

Dans un premier système, on dit que l'enfant de moins de 13 ans, protégé désormais par une présomption absolue d'irresponsabilité, ne peut plus, en principe, tomber à aucun titre entre les mains de l'administration pénitentiaire. A l'appui de cette solution on invoque les termes de l'article 3. D'une part, en effet, en précisant les placements que le juge d'instruction pourra décider, cet article a manifestement entendu faire une énumération exclusive de la prison, de la maison d'arrêt. D'autre part, ce même article ajoute que, s'il

---

« soit pour eux, soit pour les autres enfants qu'ils rencontreraient, fréquenter « les écoles publiques ».

Dans le même sens est intervenu, le 6 août 1912, un autre arrêt sur le recours des Sœurs trinitaires de Valence.

De ces principes, quelle sera ici la conséquence ? Malgré les délits ou les crimes qu'ils auront commis, les mineurs des 13 ans ne seront jamais, il est vrai, des « coupables ». Mais ne le sont pas non plus les mineurs plus âgés déclarés non-discernants. Or notre loi de 1912 a dit que, comme ces derniers, dans des conditions différentes d'ailleurs, ils pourraient être judiciairement remis à des institutions charitables qui les retiendront pour faire leur éducation et redresser leur conscience.

Il y aura pour ces enfants impossibilité morale de fréquenter l'école publique.

Comme il y a impossibilité morale pour les mineurs de la loi de 1898.

Comme il y a impossibilité morale pour les mineurs de la loi de 1908, pareillement jugés par la chambre du Conseil.

Comme il y a impossibilité morale pour les enfants difficiles ou vicieux de l'Assistance publique, bien qu'ils soient moins encore des « coupables », n'ayant pas même comparu devant un juge. — Cf. l'Appendice I.

La loi du 7 juillet 1904 ne sera donc pas un obstacle au concours des établissements congréganistes pour l'application de la loi de 1912 au sujet des enfants mineurs de 13 ans. Ils pourront, ils devront leur donner eux-mêmes l'instruction obligatoire.

(1) Voir l'Appendice II.

y a prévention de crimes (en ce cas, et seulement en ce cas), le juge d'instruction *pourra* (ce n'est encore qu'une faculté) pourra, par ordonnance *motivée*, décider que l'enfant sera retenu dans la maison d'arrêt et séparément des autres détenus. Donc hors de ce cas, qui exige une motivation explicite, la prohibition est absolue. Décider autrement ce serait violer cette prohibition.

Dans le second système, on invoque également l'article 3 dont l'énumération se termine ainsi : «...ou dans tel autre local que le juge d'instruction désignera au siège du tribunal compétent ». Ou bien ces mots n'ont en définitive aucun sens, ou bien il faut y voir la preuve que, pour rendre la loi applicable, le Parlement a entendu fournir une solution extrême pour le cas où, « au siège du tribunal compétent », le juge ne trouverait pas un placement plus conforme à l'esprit général de la loi. Et quelle peut être cette solution extrême, sinon la possibilité de remettre l'enfant à l'administration pénitentiaire? A l'appui de cette solution, on tire argument de l'article 1 du règlement d'administration publique. Quand il sera conduit devant le procureur de de République, le mineur de 13 ans, dit ce texte, sera « soustrait *autant que possible* au contact de tous inculpés ou *condamnés*. » Il ne peut être en contact avec des *condamnés* que dans la prison départementale. Sans doute, il faudra l'y soustraire *autant que possible* à ce contact. Mais par les termes dont elle s'est servie, la loi n'a-t-elle pas prévu et accepté ce contact quand il ne sera pas possible de l'éviter au moyen d'un des placements indiqués (1)? Et pour consolider leur raisonnement, les partisans de ce système posent, au point de vue des nécessités pratiques, diverses questions :

— Entre le moment du méfait commis et le moment où l'enfant sera amené au siège du tribunal, un certain temps s'écoulera; en certains cas, il pourra être assez long, notam-

---

(1) Le 12 décembre 1913, dans l'assemblée géuérale du Comité havrais des enfants traduits en justice, M. Frank Basset, secrétaire général, s'est exprimé en ces termes : « L'art. 1 du décret du 31 août 1913, traduit une des préoccupations dominantes des auteurs de la réforme : la nécessité, à partir du moment où le mineur est arrêté, de le soustraire à tout contact avec d'autres inculpés ou condamnés, et principalement avec des adultes. Ces précautions pourront être facilement observées *pendant le séjour des enfants à la maison d'arrêt du Havre*, aujourd'hui pourvue d'un quartier cellulaire » (p. 18 de l'imprimé). — V. aussi J. Monod, *Rev. philanth.*, 1914, p. 462. — Cpr. *infra*, p. 77, l'Avis de M. le professeur Garçon.

ment à l'occasion des jours fériés. Pendant ce temps, où l'enfant sera-t-il mis, si l'administration pénitentiaire est absolument écartée? Dans quels locaux pourra-t-il être placé, soit à Paris, soit dans les grandes villes, soit dans les petites?

— Le juge d'instruction peut pour cet enfant prendre l'une des mesures prévues par l'article 3 Mais, s'il veut le confier à un particulier ou à une œuvre, il faudra qu'il en obtienne le consentement; et, s'il décide de le remettre à l'Assistance publique, cette décision devra d'abord être notifiée au chef-lieu du département, c'est-à-dire au préfet ou à l'inspecteur, qui, si grandes que soient ses diligences, devra, avant de prendre l'enfant, trouver un établissement ou un particulier disposé à en accepter la charge. Pendant le temps qui s'écoulera ainsi, où cet enfant sera-t il mis?

— Que fera-t-on et que deviendra l'enfant si le juge se trouve dans l'impossibilité matérielle de le placer, soit directement, soit par l'entremise de l'Assistance publique, dans une œuvre privée, ou chez un particulier de la ville?

A ce compte, répliquent les défenseurs de la première opinion. l'une des principales dispositions de la loi recevrait la plus grave atteinte. Car, par la force des habitudes antérieures et à cause des commodités pratiques que présentera l'administration pénitentiaire, ce serait le plus souvent à elle qu'on aurait recours. Et, en ce point fondamental, l'innovation de la loi ne serait plus guère qu'un ornement de façade, et, en définitive, un trompe-l'œil, comme l'enseigne d'une boutique dont le locataire est parti sans laisser d'adresse.

A quoi, dans l'autre camp, on répond que le Parlement n'a sûrement pas voulu empêcher la justice de se mouvoir et d'agir, même quand elle en a l'obligation. et que, par suite, doit être rejetée une interprétation qui aurait très souvent ce résultat.

Je crois savoir qu'un vœu vous sera présenté qui vous permettra d'opter entre ces deux solutions au sujet des mineurs de 13 ans.

Pour les mineurs de 13 à 18 ans, le juge d'instruction peut prendre l'une des mêmes mesures. Et, dès lors, les mêmes questions se présenteront dans des conditions non pas identiques, mais sensiblement semblables.

Par rapport à eux, le placement *provisoire* sera en général plus difficile à cause de leur âge même, et d'autant plus que pour ceux qui auront entre 16 et 18 ans, l'assistance publique excipera sans nul doute de la loi de 1906.

Par contre, le mandat de dépôt ouvrira, pour les mineurs de 13 à 18 ans, le concours non contesté de l'administration pénitentiaire. Il est même à présumer que les juges d'instruction seront très souvent amenés à prendre cette décision.

Quant à leur placement *définitif* — (et l'Assistance publique en a été heureusement exonérée) — il est inutile de répéter les difficultés qu'on rencontrera de l'effectuer ailleurs que dans quelques établissements privés spécialement organisés ou entre les mains de l'administration pénitentiaire.

Telle est donc la loi de 1912 au point de vue particulier où nous l'avons considérée. Nous y avons bien vu des textes qui, en postulats ou par suppositions, édictaient certains modes de placements provisoires ou définitifs ; mais dans la réalité les moyens d'exécution échapperont très souvent.

Quand il en sera ainsi ces textes se heurteront donc à une impossibilité d'application.

Elle avait été prévue, dès avant la loi, par M. l'avocat général de Casabianca, qui, dans son rapport au congrès international des tribunaux pour enfants, avait écrit : « *Il est inutile* de créer des tribunaux pour enfants si ne sont pas créés en même temps des établissement où les juges puissent soumettre les enfants à une discipline sévère et réformatrice ».

Après la promulgation de la loi, cette même impossibilité a été signalée par le professeur Marcel Nast et par M. Kleine dans leur ouvrage sur les *Tribunaux pour les enfants*. « Les réformes de la loi de 1912, disent-ils, resteront *vaines* si le Parlement ne veut pas voter les crédits nécessaires pour créer des établissements... »

Et, de son côté, M. Cl. Griffe ajoute : « Les plus utiles prescriptions de la nouvelle organisation française resteront *lettre morte*, parce qu'il sera matériellement impossible de les exécuter » (*l. c.*, p. 282).

Dans son étude sur notre loi, M. le juge d'instruction Guibourg nous apprend que la Commission instituée par M. le président Monier sous la présidence de M. le conseiller Feuilloley a émis le vœu que fût partout créé un établissement pour recevoir les mineurs au moins *pendant la durée de l'instruction* (1).

---

(1) M. Cl. Griffe va plus loin. « Pour la bonne exécution de la loi, dit-il, il « est indispensable que soit créée *dans chaque ville* une maison des mineurs,

A supposer que le Parlement soit disposé à prendre ce parti héroïque mais dispendieux, il faudra du temps pour obtenir ce vote, et il en faudra plus encore pour édifier et pour préparer les établissements, tous les établissements que comporte l'exacte exécution de la loi pour les placements provisoires et pour les placements définitifs.

Et ensuite, ce ne sera pas une mince affaire que de recruter le personnel. Il ne suffit pas de passer sous silence cette question avec l'espoir qu'elle se résoudra d'elle-même. Ne savons-nous pas que c'est là une des plus grosses difficultés de l'administration pénitentiaire, — et aussi des œuvres de bienfaisance ?

Or, c'est le 5 mars prochain, dans quelques semaines, que la loi doit entrer en vigueur.

Comment concevez-vous que cette application puisse se faire ? Et je répète la question de M. le bâtonnier Labori : « Le régime antérieur est aboli ; comment procédera-t-on et que fera-t-on si, encore une fois, les moyens manquent pour l'application du régime nouveau » ?

Pour sortir d'embarras, les uns proposent de mettre, pendant la durée des instructions et jusqu'à solution définitive, les enfants dans les hospices et dans les hôpitaux. Mais qui donc les y garderait ? Au surplus, ce moyen de fortune ne donnerait que des latitudes bien étroites. Il est en outre très dangereux. La preuve nous en a été donnée encore une fois par la révolte qui a éclaté tout récemment à l'asile de Pontorson, renfermant 650 aliénés des deux sexes, et où étaient logés depuis quelque temps huit mauvais garnements, confiés à l'Assistance publique. Ils se sont mutinés. Et voici comment les journaux ont raconté leurs exploits : « Ils ont frappé les aliénés, brisé les carreaux et, armés de balais, ont menacé le directeur et les gardiens, au chant de l'*Internationale*. Plusieurs aliénés sont blessés, ainsi que deux gardiens. Le directeur décida alors de réduire les mutins en employant la pompe à incendie ; mais les huit apaches réus-

---

« dirigée par un médecin (Pourquoi par un médecin ?) Un instituteur choisi « parmi les meilleurs, et un chef d'atelier irréprochable à tous les points de « vue, seconderont le directeur. Là seront placés les enfants en prévention « qu'il sera impossible de laisser dans leurs familles, là seront soignés les « malades, là travailleront, soit à l'école, soit à l'atelier, les gamins que, pour « une cause quelconque, il faudra priver de leur liberté » (*l. c.*, p. 366).

Dans chaque ville ! Simplement. L'auteur ajoute d'ailleurs que cela « nous coûtera très cher ».

sirent à franchir les murs et à gagner la campagne. On croit qu'ils ont pris le chemin de la Bretagne. M. Escande, sous-préfet d'Avranches, s'est rendu à Pontorson. Il s'est rendu compte qu'on a commis une erreur en hospitalisant ces apaches avec des aliénés inoffensifs ». Vous penserez sans doute que cette erreur ne peut pas être généralisée et constituer pratiquement un mode de placements même provisoires.

Les autres voudraient que, le 5 mars prochain, l'exécution de la loi fût tout au moins amorcée à Paris, où, pensent-ils, on pourra trouver les moyens nécessaires. En province, même dans les plus grandes villes, on attend que Paris éclaire la voie, et, jusqu'ici, aucun écho ne nous est venu de concours demandés ou offerts. A Paris, on dit : cherchons à nous organiser et la province s'arrangera comme elle pourra.

Sans s'exposer au reproche de chercher des difficultés, il est peut-être permis de considérer que cette opinion en présente quelques-unes.

Comment admettre que, privés des moyens nécessaires à l'application de la loi nouvelle, les tribunaux de France, hormis le tribunal de la Seine, puissent procéder et juger, malgré son abrogation, d'après le régime antérieur? Et si cela est impossible, devront ils, pour ne pas violer cette loi, ne plus juger du tout les jeunes délinquants?

A Paris même, des obstacles surgissent qui arrêtent le zèle des meilleures volontés. Pour ne pas dégarnir les autres chambres du tribunal déjà surchargé, il faudra, pour le tribunal d'enfants, un ou deux juges d'instruction, un président, deux juges au moins, un substitut, un greffier, un garçon (1). Les nominations ne sont pas encore faites. En outre, ce tribunal aura besoin de locaux importants : salle d'audience, cabinet du président, salle du tribunal, bureau du greffier, salle du garçon, salle d'attente pour les témoins et les parents exclus désormais de la salle d'audience (2). La Chancellerie a répondu que, le budget n'ayant rien prévu de ce chef, elle n'avait aucune ressource actuelle pour les dépenses pouvant lui incomber. On ne pourra donc rien faire jusqu'aux décisions budgétaires (3), et ces décisions devront être prises

---

(1) La Commission constituée par M. le président Monier a observé que, pour l'unité de la jurisprudence, ce personnel spécialisé ne suffirait pas même, à cause des vacances.

(2) Le local choisi sera, paraît-il, la salle actuelle des expropriations, qui ne réalise que très approximativement les conditions de la loi.

(3) Le 14 janvier 1914, à la première séance du Comité des enfants traduits

non pas seulement pour Paris. Comme l'a dit M. Ferdinand-Dreyfus, « si le mineur parisien est digne d'intérêt, celui de Lyon ou de Marseille mérite également que la loi s'occupe de lui et règle son sort » (*J. off.*, 27 janvier 1912, p. 69). Et il ajoutait qu'il fallait « rendre les lois pénales applicables *au territoire tout entier* ».

Outre qu'il n'est pas possible de faire autrement, ce qui est une raison suffisante, cette observation est d'autant plus exacte qu'à Paris et dans nos grandes villes, où il y a des comités de défense et, par les œuvres privées, des moyens divers de solutions et de placements, les magistrats envoient proportionnellement très peu de jeunes enfants en correction. Les tribunaux des petites villes n'ont pas les mêmes ressources (1).

D'autres encore ont proposé de recourir à l'administration pénitentiaire pour la charger de payer les allocations quotidiennes et aussi, tout en la laissant de côté, pour lui emprunter certains de ses établissements (2). Des démarches ont même été faites en ce sens auprès de M. Just. C'était là évidemment une solution matérielle de certaines difficultés ; mais elle n'avait guère de chances de triompher. Où donc cette administration eût-elle mis elle-même ses détenus ?

Que de telles idées soient nées, que même elles aient pu être suggérées, cela montre assez l'inextricable embarras de la situation.

Certains prétendent qu'on est dans une impasse. Et comme on ne peut sortir d'une impasse qu'en revenant sur ses pas,

en justice, M. Bienvenu-Martin, garde des sceaux, qui la présidait, a annoncé le dépôt d'une demande de crédit de 50.000 fr pour l'exécution de la loi à *Paris*. Dans plusieurs grandes villes, surtout dans les grandes villes près de la frontière, il faudra, a cause des infractions douanières, créer aussi une nouvelle chambre. Le Parlement ne paraît pourtant pas vouloir s'y prêter (*J. Off.*, 21 fév. 1914, p 197 col. 3). En ce cas, subsisteront inévitablement les pratiques actuelles (Cpr. l'Appendice II). Et même, selon de hauts magistrats, chefs de cours ou chefs de parquets, il est fort à craindre qu'il n'y ait là, pour l'application de la loi, une nouvelle difficulté susceptible *d'augmenter* encore les aveugles et funestes remises d'enfants aux parents, même les moins dignes de cette confiance. (Cf. M. H. Prudhomme, *Rev. pénit.*, 1914, p. 138, et M. Mourral, *infra*, p. 93.)

(1) Les statistiques sont probantes à ce sujet. Cf. l'Appendice II.

(2) M. E. Passez, dans l'article précité, confirme ce fait. — Le ministre de la Justice a décidé que la Direction de l'Administration pénitentiaire serait chargée d'assurer, *dans tous les cas*, le règlement des frais d'entretien des enfants et adolescents. — Mais *quid* des frais dont il est parlé ci-dessus, p. 23 ?

c'est au Parlement lui-même qu'il faudrait faire appel. Mais à quelles fins ?

D'un côté, on demande qu'une décision législative recule l'exécution de la loi considérée présentement comme inexécutable. Nous connaissons tous un précédent : c'est ainsi en effet qu'ont procédé M. Clémenceau et M. Briand pour la loi du 11 avril 1908.

D'autre côté, on dit que, de toutes les lois, les lois sociales sont les plus difficiles à faire et qu'il peut être nécessaire de s'y reprendre à plusieurs fois pour les mettre debout. Sans doute, il faut que l'exécution de la loi soit différée, mais, dit-on, cela ne suffira pas. Témoin, la loi du 11 avril 1908, dont l'exécution a été prorogée d'un an et de deux ans, sans que, dans les délais fixés, on ait trouvé le moyen de la rendre viable. Dans cette opinion, on demande donc non seulement que l'exécution de la loi soit ajournée, mais que le Parlement en profite pour la modifier et la rendre applicable.

*Quot capita tot sensus.* — Il n'est pas aisé de se faire une opinion bien nette au milieu de ces divergences, qui divisent pareillement les membres de l'*Union des Sociétés de patronage.*

Les sociétés parisiennes et celles de province n'apprécieront sans doute pas avec les mêmes yeux les difficultés que je viens de vous exposer.

Je n'ai pas la prétention de donner ni aux unes ni aux autres une ligne de conduite.

J'ai entendu dire que la Commission constituée par M. le Président Monier avait elle-même exprimé le vœu de certaines modifications dans la loi.

Si cette loi est remise sur le chantier, je me risquerai à présenter une solution ou plus exactement à m'en faire l'écho. La voici.

Au début de ce rapport, je vous ai rappelé cette observation de M. Adolphe Guillot :

« *En voulant sauver tout le monde de la même façon, on risque de sacrifier les bons éléments* ».

Que de fautes eussent été évitées, si on s'en était pénétré et si on s'y était tenu !

« *Le triage*, dit Fouillée, *est le procédé universel de la nature, « et aussi celui de la morale. Les brebis galeuses ne tardent « jamais à infecter le troupeau* » (La France au point de vue moral, p. 218).

En notre matière tout particulièrement, le progrès s'atteste par le soin des sélections et le souci des discriminations, qui ne doivent s'arrêter qu'à la limite où les dépenses deviendraient excessives.

En cette matière, plus peut-être qu'en aucune autre, le pêle-mêle est un signe certain d'erreur et de régression (1).

Il est grand temps de nous ressaisir dans la voie des confusions où on est si malheureusement entré. *Suum cuique.*

Hâtons-nous donc de rendre l'Assistance publique à ses propres services, assez lourds certes pour qu'on ne puisse la charger plus longtemps de services autres et tout à fait étrangers à son objet, pour lesquels elle n'est pas faite (on ne saurait trop le redire) et où par suite elle ne peut qu'échouer et se déconsidérer, au grand détriment des 150.000 enfants dont elle a la charge.

Hâtons-nous de restituer à l'administration pénitentiaire les services qui lui sont propres; mais, en les lui restituant, gardons-nous de dépasser les limites au delà desquelles la prétention d'une trop tardive rééducation n'est plus qu'une inconvenante ironie. On objecte les promiscuités ineffables des établissements pénitentiaires. Pour les détenus plus âgés, elles ne sont que trop réelles. En est-il de même pour les plus jeunes? M. Léonce André répond : « La séparation *entre les tout jeunes mineurs et les autres* est loin d'y être parfaite et il reste encore, pour les premiers, trop de chances de contamination *au contact des seconds*, pour qu'on puisse les y envoyer sans danger » (*l. c.*, p. 62) (2). Il importe de rectifier. Aux enfants de 12 à 14 ans, a été affectée la colonie d'Auberive. Pour ceux de moins de 12 ans, il y a deux colonies : l'école Saint-Joseph, maison privée, à Frasne-le-Chà-

(1) Dans son étude sur *les Tribunaux pour enfants*, p. 28, M. le substitut J. Dumas, dit : « Il faut, de plus en plus, s'abstenir de confondre dans les « mêmes bâtiments et dans les mêmes services, les enfants victimes et les « enfants coupables, les orphelins et les délinquants ». Très bien! Mais, jusqu'ici, c'est précisément cette confusion qui a été faite, et toujours de plus en plus, soit dans nos lois, soit par les tribunaux.

(2) Dans son article précité de la *Gazette des Tribunaux*, M. E. Passez a de même écrit : « Ce serait méconnaître évidemment la pensée des auteurs de la loi de 1912, comme il serait contraire à ses dispositions, que d'infliger aux mineurs au-dessous de 13 ans la flétrissure du placement dans des maisons dépendant de l'administration pénitentiaire, *avec le funeste contact des détenus plus âgés qui sont envoyés en correction.* »

Voir aussi C. Griffe, *les Tribunaux pour enfants*, p. 7.

teau (Haute-Saône), et la colonie publique de Saint-Hilaire (Vienne). Chacun de ces deux établissements a sa tendance propre, qui en différencie le régime. A l'école Saint-Joseph, le séjour est en général plus long, pour consolider l'effort de réformation. A Saint-Hilaire, il est en général plus court; mais les placements faits plus tôt amènent naturellement un plus grand nombre d'évasions. Chacun de ces systèmes a ses avantages et ses inconvénients. Au moindre signe de préférence, l'administration envoie l'enfant dans l'une ou l'autre de ces maisons.

Que sont-elles?

De l'école Saint-Joseph, fondée en 1876, M. Henri Joly a dit : « Aucune nation étrangère ne peut nous montrer rien de plus beau que ne le sont, dans leur genre, la ferme-école pour jeunes filles des religieuses de Rouen *et l'école de réforme pour garçons des sœurs de la Providence de Ribeauvillé à Frasne-le-Château* » (*Rev. pénit.*, février 1897). Et l'éminente fondatrice de l'Atelier-Refuge de Rouen a dit aussi : « Sans la limite d'âge fixée au maximum de 12 ans pour l'entrée obtiendrait-on à Frasne-le Château les heureux résultats que l'on y obtient? » (La revue *l'Enfant*, avril 1906, p. 258). Voulez-vous d'autres témoignages? M. l'inspecteur Puibaraud a écrit : « Il y a un établissement que je puis qualifier de modèle, c'est celui de Frasne-le-Château » (*Rev. pénit.*, 1900, p. 421). Et M. l'inspecteur Ch. Brunot a dit : « Les enfants arrivés à Frasne avant 12 ans y restent jusqu'à 20 ans soumis à l'autorité exclusive des sœurs, et c'est vraiment merveille de voir ces gaillards de 18 à 20 ans obéir respectueusement à des femmes. Comme je félicitais l'une d'elles du courage dont elle faisait preuve en acceptant de vivre ainsi en un milieu non exempt de dangers dans un village éloigné de tout secours. — *Quel danger?* me dit-elle; *mais nous n'avons rien à craindre; si nous étions menacées par qui que ce soit, tous nos colons prendraient notre défense (sic).* Le seul homme qu'on trouve à Frasne est un vieil aumônier qui cumule les fonctions de desservant avec celles de chef de fanfare; tout le reste du personnel se réduit à une trentaine de sœurs, pour maintenir la discipline parmi une population de plus de 300 colons » (*Les déclassés*, p. 16). Le contingent est maintenant plus réduit, je crois. Très surpris de cette discipline quasi volontaire en un tel milieu, le professeur Brissaud et moi, nous avions décidé d'aller visiter ensemble cet établissement. La mort de ce grand médecin, aussi bon que savant, ne nous a pas permis de réaliser notre projet.

Quant à la colonie de Saint-Hilaire, je me suis proposé plusieurs fois de la visiter, quand le hasard des affaires me menait de ce côté; je n'ai pu réaliser mon dessein. On dit le plus grand bien de sa direction et des résultats obtenus (1). S'il en est ainsi, cet exemple prouve que, quand la tâche est possible, l'administration pénitentiaire sait la remplir. Mais quand cette tâche est impossible, quand on la lui donne sachant qu'elle est impossible, vous étonnerez-vous, avez-vous le droit de vous étonner qu'elle y échoue? (2)

(1) M. Schrameck a cité et la *Revue pénitentiaire* (1910, p. 592) a publié l'extrait d'un rapport du directeur : « Mercredi dernier, y est-il dit, M. le Procureur de la République et M. le Juge d'instruction de Loudun sont venus visiter l'école de réforme. L'établissement qu'ils voyaient pour la première fois m'a paru leur produire une excellente impression que d'ailleurs ils n'ont pas cachée ; en se retirant, ces messieurs m'ont déclaré qu'ils étaient ravis de l'état disciplinaire de la maison et émerveillés de la bonne mine et de l'excellente attitude des enfants. » — La colonie de Saint-Hilaire a d'ailleurs le grave inconvénient de sa proximité avec la maison centrale de Fontevrault.

En 1912, dans son rapport au congrès de Grenoble, M. Léonce Conte disait : « La colonie publique de Saint-Hilaire a été un établissement modèle sous la direction de M. Brun. »

Dans le referendum du Comité des enfants traduits en justice, la directrice de l'établissement public de Cadillac a été amenée à parler de la colonie de Saint-Hilaire, où elle est restée 8 ans, et qui, dit-elle, « *donnait des résultats excellents et convaincants* ». — Voir l'Appendice III.

Dans le même referendum, l'actuel directeur de la maison de Clermont dit : « N'ayant plus la satisfaction de diriger l'école de réforme de Saint- « Hilaire, il ne m'appartient pas d'en parler ; mais mon successeur vous dira « *les résultats qu'on y obtient.* Il vous citera nombre d'engagés, d'anciens « militaires, de libérés, qui, chaque année, demandent à venir passer leur « congé ou leurs vacances à l'établissement: ils vous parlera de ceux, et ils « sont nombreux, qui se sont établis dans la région, soit comme cultivateurs, « soit comme commerçants, et qui, grâce à leur intelligence et à leur acti- « vité, sont parvenus à une certaine aisance ; il vous dira les bonnes relations « qui existent entre le personnel de l'école et les anciens élèves, l'attache- « ment que ceux-ci témoignent à leurs anciens maîtres, le besoin touchant « qu'éprouvent les placés à venir de temps en temps revoir leur directeur et « respirer un peu l'air où ils ont vécu des années dont ils gardent le meilleur « souvenir ».

Plusieurs fois j'ai entendu de chauds théoriciens discourir sur les établissements de réforme, sans en avoir même jamais vu un seul, public ou privé.

(2) Il faut mettre un terme aux humiliations incessantes, décourageantes et dissolvantes, dont de toutes parts on abreuve comme à plaisir cette administration. Sans doute, elle ne reçoit pas que des éléments mauvais. Témoin, la colonie de Saint-Hilaire. Mais il faut pourtant remarquer que ses contin-

Il faudrait donc tout d'abord écarter résolument tout ce qui peut porter atteinte à nos meilleurs moyens de réformation. Et je dis qu'une loi n'est pas bonne, je dis qu'elle doit être modifiée sans aucun retard quand, sans même nous rien donner en échange, sans rien édifier en remplacement, elle a pour première conséquence de détruire, dans leurs destinations actuelles, la colonie d'Auberive, la colonie de Saint-Hilaire et l'école de Frasne-le-Château. Que la colonie de Saint-Hilaire doive s'acheminer à la ruine et disparaître, nul doute, puisqu'elle ne recevra plus les jeunes enfants pour lesquels elle a été organisée. En sera-t-il de même pour l'école de Frasne-le-Château? N'oublions pas qu'elle a déjà des enfants envoyés au-dessous de 12 ans par l'administration pénitentiaire elle-même. Si, *à cause de cela*, elle ne doit pas pouvoir hospitaliser les mineurs de 13 ans de la loi de 1912, ses jours sont comptés. Ces mineurs seront-ils donc mieux dans les établissements où, ne pouvant faire autrement, l'Assistance publique les mettra avec ses pupilles difficiles ou vicieux? Ne sait-on pas que ceux-ci sont, en général, d'une garde aussi malaisée et même souvent plus malaisée que les pénitentiaires? Si au contraire, *malgré cela*,

gents ne sont pas même du « *tout-venant* ». Il s'en faut! Dans les grandes villes, en effet, les œuvres privées s'appliquent d'abord — et combien elles ont raison — à ne prendre que le « *dessus du panier* ». Ensuite, de même que l'Assistance publique, elles lui rendent les enfants qui se révèlent pires qu'on ne les avaient crus, et dont la rééducation apparaît après coup comme trop difficile ou décidément impossible. En un mot, c'est à elle qu'on remet ou que reviennent tous les déchets, tous les résidus, tous les rebuts. Il n'est pas seulement nécessaire de lui fournir le moyen de les mettre à part; il faut encore tenir compte de cette situation quand on prétend établir des résultats comparatifs.

A un certain moment, il y a eu en même temps à Aniane jusqu'à **onze** meurtriers !

Au 31 décembre 1909, 276 garçons et 25 filles avaient déjà subi des peines de prison avant leur envoi en correction. Et bon nombre ne comptaient pas seulement une seule condamnation.

En 1910, M. l'Inspecteur Brunol trouva dans une colonie un garnement de moins de 15 ans, envoyé en correction le 11 mars 1910 par le même tribunal qui, 13 fois pour vols et une fois pour mendicité, l'avait rendu 4 fois à ses parents et condamné 10 fois à la prison ! (*Rev. pénit.* 1910, p. 574.) Cf., dans l'Appendice I, p. 98, les observations que M. Metton-Lepouzé a présentées au Congrès de Bordeaux de 1903.

De telles décisions pourraient difficilement, je crois, figurer avec honneur dans une théorie générale de la raison pure.

cette école peut recevoir les mineurs dont il s'agit, elle survivra. Mais, alors, pourquoi détruire dans sa destination actuelle l'établissement public de Saint-Hilaire, dont l'objet est le même? Pourquoi le détruire, alors surtout qu'on n'a rien, absolument rien, qui puisse le remplacer? Ne faisons pas comme les enfants qui, après avoir cassé leurs plus beaux jouets pour en découvrir le mécanisme, pleurent de n'avoir plus que des débris. *Miseri, miseri, vestra res agitur.*

Il faudrait aussi, et encore sans aucun retard, abroger la loi de 1906 sur la majorité pénale. Elle a fait, cette loi, tout le mal possible; elle a déconsidéré les établissements publics et privés en proposant à leurs efforts un objet irréalisable. Elle a fait plus; et, comme on l'a dit, *elle a déconsidéré jusqu'à l'idée même de rééducation et de réformation.* Je sais bien qu'il y a des retours difficiles. C'est un signe de largeur d'esprit de ne pas les craindre. Que serait la science, que seraient devenues la chimie et la physique si, en de vaines palabres, on s'était obstiné à défendre des idées dont l'expérimentation avait ensuite démontré l'erreur? Si nous ne nous décidons pas à cette abrogation nécessaire, il n'est pas d'innovations de procédure, même ingénieuses, il n'est pas d'efforts si consciencieux qu'ils soient, qui puissent y suppléer. Tous les directeurs sans exception, et, sans exception, toutes les directrices des établissements publics ou privés l'ont dit et redit maintes fois; ils l'ont encore répété dans le referendum du Comité des enfants traduits en justice (1). Croyez-vous qu'il soit raisonnable de dédaigner les leçons de l'expérience et de fermer l'oreille à l'unanimité de telles plaintes?

Il faudrait aussi revenir tout simplement à notre excellente loi du 5 août 1850, sauf à y faire les retouches et les additions dont l'expérience a montré la nécessité ou l'opportunité, ce qui permettra de conserver tout à la fois l'institution et la dénomination de *tribunaux pour enfants.*

L'obtention de ces redressements réaliserait déjà un progrès considérable; mais on ne saurait s'arrêter là, et il faut mettre l'administration pénitentiaire en mesure de remplir ses obligations soit envers les mineurs de 13 ans, soit envers les mineurs de 16 ans.

Pour les mineurs de 13 ans, et pour eux exclusivement, (ce qui devrait être vérifié par l'inspection), on conserverait

---

(1) Voir l'Appendice III, où sont rapportées à ce sujet les réponses recueillies dans ce référendum.

l'école de Frasne-le-Château et la colonie de Saint-Hilaire (1).
La loi ordonnerait la création d'une maison du même genre
pour les petites filles (2). Ceux qui, en grandissant, manifes-
teraient des dispositions mauvaises, les rendant dangereux
pour les autres, en seraient retirés obligatoirement et sans
retard. Ces établissements pourraient recevoir une dénomination protectrice. Par exemple, *écoles des pupilles.* La décision du tribunal dirait, sans fixer de délai, que l'enfant sera
mis dans une école de pupilles.

Pour les mineurs de 16 ans, il faudrait que cessât au plus
tôt le régime actuel, ce qui serait facilité par le définif
retrait des adolescents de 16 à 18 ans. Présentement en
nombre insuffisant, les établissements publics de réforme
sont surpeuplés, au mépris des règlements. L'administration,
pour faire de la place à ceux qui arrivent, en est réduite à
la nécessité de libérations de commande. Il est injuste et il
est malséant de lui reprocher de ne pas faire bien si on ne lui
en donne pas les moyens. Il importe peu de formuler des
souhaits ou d'édicter des prescriptions, si en même temps
on ne prend les mesures de réalisation. Il faut vouloir les

(1) A la Société des Prisons, dans la séance du 21 janvier 1914, après le rapport de M. Paul Kahn, et au cours de la discussion qui a suivi, M. Ferdinand
Dreyfus, sans préjuger les décisions définitives qui pourraient être prises,
a donné à entendre que sans doute, après comme avant le 5 mars 1914, les
*garçons* de moins de 13 ans pourraient être placés dans l'établissement de
réforme de Saint-Hilaire, « *si l'on ne trouve pas autre chose* », ou dans l'établissement de Frasne-le-Château (V. *Rev. pénit.*, janvier 1914, p. 134). Et, selon
M. Grimanelli, rien dans la loi ne s'oppose à ce qu'on utilise, avec le personnel
actuel, certains établissements actuellement dirigés par l'administration pénitentiaire ou relevant d'elle, et qui sont tout à fait, dit-il, des internats appropriés (p. 138). Cette solution, repoussée par M. Mourral (*infra*, p. 91), a été
énergiquement combattue par M. Passez dans son article précité et devant
le Comité des enfants traduits en justice où contrairement à l'opinion de
M. Grimanelli, il a fait prévaloir et accepter cette idée : « Aucun enfant au-
« dessous de 13 ans ne peut, aux termes de la loi du 22 juillet 1912, être envoyé
« dans une colonie pénitentiaire ». En tous cas, *quid* pour les *filles* mineures
de 13 ans, qui ne pourraient être recueillies dans des orphelinats ? J'ai en vain
posé la question (*l. c.* p. 134)

(2) A la vérité, l'effectif de la maison de Cadillac est sensiblement différent
des effectifs de Doullens et de Clermont ; mais ce n'est pas là une discrimi-
nation suffisante. On dit aussi qu'à Doullens et même à Clermont le niveau
moral est maintenant meilleur. En effet, depuis 3 ans, la police n'arrête plus
et les tribunaux n'envoient plus en correction les prostituées mineures de
18 ans (V. *suprà*, p. 13).

moyens de ce qu'on veut. Pour l'Assistance publique on parle de créer des établissements, bien ! Mais pourquoi, quand il s'agit de l'administration pénitentiaire, la laisse-t-on dans la matérielle obligation de faire dans ses colonies trop étroites des entassements scandaleux de contagion et de perversion ? (1)

Est-ce tout ? Non. Il ne suffira pas de mettre l'administration pénitentiaire en mesure de faire mieux; il ne suffira pas même qu'elle fasse bien ; il faudra que, dans l'opinion publique et parmi les magistrats, on sache ce qu'elle fait. Et pour cela vous avez un moyen, mais vous n'en avez qu'un, c'est celui que M. le conseiller Marin a préconisé et auquel des hommes éminents ont donné leur adhésion dans le referendum ouvert par votre association elle-même (2) L'inspection des établissements privés ou publics de réforme pénitentiaire serait donc confiée à une commission de 3 membres, seulement de 3 membres, comprenant un inspecteur général désigné par le ministre compétent, un juge du siège commis par le premier président du ressort ou, comme le dit la loi de 1850, *élu par ses collègues* (3), et un particulier élu par

(1) Le 22 avril 1912, à l'assemblée générale du Comité marseillais des enfants traduits en justice, M. Schrameck, préfet des Bouches-du-Rhône, qui la présidait, a dit : « Les enfants détenus à Marseille sont plus particu- « lièrement envoyés à Aniane, et il est à regretter qu'il n'y ait pas un éta- « blissement quelque peu différent (surtout depuis que la loi de 1906 a ouvert « les portes des colonies à un certain nombre de mineurs de 16 à 18 ans), « pour recevoir les jeunes gens qui seraient, au point de vue de la crimi- « nalité, moins avancés, moins difficiles à corriger que ceux qu'on envoie « *indistinctement* à Aniane. Il est incontestablement à souhaiter que dans un « département limitrophe on puisse trouver un établissement pour les « enfants de moins de 16 ans ».

Il est attristant que des réformes d'une nécessite aussi évidente et aussi pressante n'aient point été faites et qu'on ne parle pas même de les faire !

De Montpellier, j'ai appris que, dans le mois de décembre 1913, il y avait eu encore, dans la colonie d'Aniane, deux tentatives de meurtre. Dans le mois de janvier 1914, autre tentative (Le *Journal*, 16 janvier). Dans le mois de février, autre tentative (Le *Journal*, 10 février). Donc quatre drames en huit semaines !

(2) Voir, pour ce referendum, le *Bulletin de l'Union des Sociétés de patro-nage*, 1912, n⁰ˢ 1 et 2).

(3) Dans le règlement d'administration publique établi pour notre loi même, l'art. 10 va bien plus loin. Il porte : « Les juges d'instruction désignés en exécution de la loi du 22 juillet 1912, les présidents de la chambre du conseil, du tribunal, de la cour, le président du tribunal pour enfants et ado-

les œuvres du département ou par le Comité de défense des enfants traduits en justice (1). Il ne s'agit aucunement de faire échec aux droits des inspecteurs généraux qui, en cas d'urgence, procéderaient seuls ; il s'agit, en adjoignant à l'inspecteur, les deux autres membres de permettre à ces derniers de se rendre exactement compte du fonctionnement de ces établissements, sans qu'ils puissent d'ailleurs s'immiscer en aucune façon dans leur direction ou dans leur administration. Est-il concevable notamment que les tribunaux, qui ont le droit de confier directement des enfants soit à un

lescents, et le procureur de la République ont le droit de visiter par eux-mêmes ou de faire visiter par un magistrat désigné par eux, tous les locaux et établissements publics et privés dans lesquels peuvent être placés, provisoirement ou définitivement, les mineurs visés par le présent règlement ». Ce texte, qui n'a certes pas été inspiré par l'expérience pratique, procède simplement d'une idée théorique, de cette idée que, publics ou privés, les établissements fonctionneraient d'autant mieux qu'ils seraient plus souvent surveillés et par plus de personnes. Ce droit de visites est en effet un droit d'inspection. Si on avait consulté un inspecteur, ce qui était facile, il eût aussitôt signalé le péril de cette conception. L'inspection est un art, et, qui plus est, un art très difficile. Ne s'exerce-t-il pas entre deux idées contraires ? D'une part, l'inspection s'oriente contre le directeur, dans la pensée d'infractions possibles, naturellement cachées et qu'il faut dépister. D'autre part, il importe au plus haut point de ne rien faire et de ne rien dire qui puisse porter atteinte à l'autorité du directeur et la diminuer. L'inspection est si difficile que, si prudente et si habile qu'elle ait été, elle est toujours — absolument toujours — suivie de plusieurs journées de relâchement et d'indiscipline parmi les enfants et surtout parmi les filles. Il faut donc que les visites soient rares. Il faut aussi que les visites soient discrètes et circonspectes, chose malaisée tant l'inspection est grisante ; celui qui inspecte peut succomber très vite à l'illusion d'une supériorité. Supposez quelque part des magistrats trop pleins de zèle pour le sort des enfants : ils croiront bien faire en multipliant leurs visites, et mieux faire encore en causant avec les jeunes détenus sous prétexte de les encourager et en leur faisant entrevoir une libération anticipée s'ils se conduisent bien, ce qui, le plus souvent, sera le meilleur moyen de les empêcher de la mériter. Le groupe photographique s'aperçoit sans effort. De là à faire des observations sur la direction, à proposer des suggestions pour l'administration, il n'y a qu'un pas. Les observations et les suggestions auront toutes chances d'être à la fois abondantes et contradictoires. Les enfants ne tarderont pas à s'apercevoir que tout le monde commande, ce qui, dans leur idée, les dispensera d'obéir. La proposition de M. Marin, éminent praticien, était plus avisée et plus prudente.

(1) On a vu *supra*, p. 11, comment, en une autre matière, M. Léon Bourgeois veut associer les représentants de la bienfaisance privée à la surveillance d'établissements publics.

service public soit à telle ou telle œuvre privée, fassent ces désignations au hasard, sans avoir aucun moyen de connaître par eux-mêmes et d'une façon positive ce qu'on en fait et ce qu'ils deviennent ici ou là? Parmi les inspecteurs généraux, M. Rondel notamment approuve cette solution. M. Schrameck l'avait très favorablement accueillie, et il était tout prêt, sauf autorisation ministérielle, à en faire l'expérience.

Il y a là, comme vous le voyez, un ensemble systématique de réformes pratiques. L'idée ne m'en appartient pas. Je me suis borné à vous les exposer, en vous montrant comment elles se coordonnaient. Il me semble et il vous apparaîtra, je l'espère, que, si elles étaient réalisées et si on tenait la main à leur exécution bien suivie, il en résulterait pratiquement de bons résultats. (*Applaudissements.*)

# SÉANCE DU 21 JANVIER 1914

SOUS LA PRÉSIDENCE

## de M. Albert Rivière

*Président de la Société générale des prisons.*

# Rapport

DE

## M. PAUL KAHN

AVOCAT A LA COUR D'APPEL

Mesdames, Messieurs,

Le 5 mars 1914 — dans six semaines — entrera en application sur tout le territoire français, une loi, dont l'un des principaux auteurs est notre éminent vice-président M. Ferdinand-Dreyfus, dite « Loi sur les Tribunaux pour enfants et adolescents et sur la Liberté surveillée ». Cette loi, par son objet et par ses conséquences sociales, est très certainement l'une des plus importantes qui soient intervenues dans notre Droit Pénal français. Elle vient, en ce qui concerne les infractions à la loi pénale commises par les mineurs de dix-huit ans, réformer complètement les règles de compétence et de procédure du Code d'Instruction criminelle, et, par certaines de ses dispositions, elle est en opposition évidente avec les principes mêmes qui ont dirigé jusqu'à ce jour notre Droit Pénal. Ces dérogations ont évidemment été inspirées par le désir qu'avaient les auteurs et les promoteurs de la loi de protéger l'enfance et d'essayer d'enrayer le flot sans cesse grandissant en importance et en violence de la criminalité juvénile. L'avenir seul pourra dire si cette loi, qui, je l'espère, sera appliquée et par les magistrats et par les œuvres privées ou publiques « de bonne foi », produira tout le bien qu'on en attend.

Elle soulèvera, en effet, bien des difficultés, dont quelques-unes apparaissent dès l'abord comme insurmontables. Il faut en cette matière que chacun prenne ses responsabilités propres, car une pareille loi, par les répercussions sociales qu'elle aura, notamment au point de vue militaire et au point de vue même de l'avenir de la jeunesse malheureuse a pour notre pays une importance capitale. On lui fait le reproche — et je n'y ai personnellement pas manqué — de n'être qu'une loi de procédure, compliquant et changeant sans grande utilité notre procédure pénale et de n'être, en somme, que d'un mince intérêt social puisqu'elle n'apporte aucune solution nouvelle, que toutes les solutions qu'elle préconise étaient, en fait, possibles avant sa mise en application. On lui a surtout reproché — et ceci est beaucoup plus grave — d'avoir institué un système, sans se préoccuper de ses moyens d'exécution, de ne s'être nullement posé la question de savoir si les établissements prévus existaient, pourraient même exister ; d'avoir mis à la charge des services d'assistance publique des enfants pour lesquels ils ne disposent d'aucun des moyens d'éducation nécessaires, et ce, au plus grand dommage des autres enfants confiés à cette administration ; et d'avoir fait appel presque uniquement à la bienfaisance privée, qui, quels que soient son zèle, son dévouement et ses moyens d'action est dans l'impossibilité matérielle absolue d'assumer pareille charge. La plupart des Patronages, en effet, n'ont point d'établissements où ils puissent garder définitivement les enfants qui leur sont confiés, le nombre qu'ils en peuvent recueillir est infime si on le compare à celui des enfants traduits en justice ; rien n'existe, en ce qui concerne les mineurs de treize ans, sauf les œuvres congréganistes que l'on bannit pour des raisons politiques, même à Paris et à plus forte raison en Province où, dans la plupart de villes n'existe même pas une société de Patronage. Pour ces raisons, et d'autres encore, la loi se heurterait à une impossibilité absolue d'exécution. Et cela serait particulièrement dangereux, puisque le système antérieur étant abrogé et le sytème nouveau ne pouvant fonctionner, il en résulterait l'impossibilité de poursuivre les mineurs de dix-huit ans auteurs de délits ou de crimes, comme il est impossible de poursuivre les prostitués mineurs par la faute de l'invraisemblable loi du 11 avril 1908.

Vous pourriez trouver l'écho de ces reproches dans les commentaires déjà nombreux parus sur cette loi et qui sont, sauf deux, l'œuvre de théoriciens, qui font surtout à la loi des objections d'ordre juridique. C'est là, notamment, l'opinion de MM. Nast et Kleine partisans cependant de la loi, qui écrivent bien sévèrement : « Elle est mal rédigée et de nature à soulever d'assez graves difficultés d'interprétation. On a l'impression d'une loi faite par des hommes de bonne volonté et de grand cœur, mais qui ne connaissaient pas grand'chose aux principes juridiques et en particulier à la procédure pénale ». M. Léonce André, Griffe, Le Clec'h, tout en approuvant le principe de la réforme, ne dissimulent pas qu'elle se heurte à des difficultés. M. Léon Guibourg, qui est en même temps qu'un esprit juridique très sûr, un praticien de l'instruction et des audiences du Tribunal de la Seine soulève quelques difficultés d'ordre exclusivement pratique. Ce sont également des questions d'ordre pratique que vient de poser notre collègue Eugène Prévost dans son très intéressant rapport à l'Union des Patronages de France (1).

En me faisant le très grand honneur de me charger de ce rapport, le Conseil de Direction de la Société Générale des Prisons a très certainement désiré entendre l'opinion d'un praticien sur la question particulière qui est aujourd'hui soumise à votre discussion au sujet de la loi sur les Tribunaux pour enfants. Il s'est rappelé — et je l'en remercie — que, depuis tantôt dix ans, soit au Palais de Justice aux audiences du lundi de la huitième Chambre ou du mercredi de la Chambre des Appels correctionnels que j'ai vues créer, j'étudie les dossiers de mineurs et je m'occupe de tous ceux qui se présentent sans l'assistance d'un défenseur soit en dehors du Palais, dans des œuvres, comme l'œuvre du Souvenir, le Patronage de l'Enfance et de l'Adolescence, le Refuge du Plessis-Piquet, j'essaye de me faire une idée des solutions pratiques les plus convenables dans l'intérêt des enfants. Laissez-moi, en passant, puisque l'occasion s'en

---

(1) Nast et Kleine, *Code manuel des tribunaux pour enfants* ; Léonce André, *Tribunaux pour enfants et liberté surveillée* ; Clément Griffe, *Les tribunaux pour enfants* ; Leclech, *Les tribunaux pour enfants et adolescents et la liberté surveillée* ; Léon Guibourg, *Les tribunaux pour enfants et adolescents, leur organisation* (*Revue des tribunaux pour enfants*, nos 1 et 2) ; Eugène Prévost, *Les tribunaux pour enfants dans leurs rapports avec la bienfaisance privée* (rapport à l'Union des patronages).

présente, remercier mes collègues de la marque de confiance
qu'ils m'ont donnée et dont je suis fier.

Je n'ai point l'intention de faire ici l'historique de la
législation française relative à l'Enfance et de montrer comment tout le mouvement actuel était en germe et est, en
fait, sorti de l'admirable loi de 1850 sur l'éducation des
jeunes détenus. Je vous renvoie sur ce point à l'article que
M. le Bâtonnier Henri-Robert a publié dans le premier
numéro de la *Revue des Tribunaux pour enfants* ou encore
au rapport de M. Eugène Prévost à l'Union des Patronages
où il étudie plus particulièrement la question du concours
des œuvres privées à l'application de la loi. Il est cependant
nécessaire, avant d'entreprendre l'étude de la question des
rapporteurs et délégués que le Conseil de Direction m'a
demandé plus particulièrement d'étudier, que j'expose —
rapidement — devant vous l'économie générale de la loi du
22 juillet 1912 et du règlement d'administration publique
du 31 août 1913, pour vous rappeler dans quel organisme
prend place l'institution nouvelle des rapporteurs et des
délégués.

La loi sur les Tribunaux pour enfants — il est nécessaire
de ne point l'oublier pour les explications qui vont suivre —
s'applique à l'ensemble du territoire de la France, tout aussi
bien au Tribunal de la Seine qu'à ceux de Lyon, Marseille,
Lille, Le Havre, Barcelonnette ou Bellac. Cela n'est pas
douteux : « Faisant des lois pénales, a déclaré au Sénat le
rapporteur de la loi, M. Ferdinand-Dreyfus, il faut les rendre
applicables au territoire tout entier ; si le mineur parisien
est digne d'intérêt, celui de Lyon ou de Marseille mérite
également que la loi s'occupe de lui et règle son sort ». Le
fait que cette loi s'applique en ce qui concerne la procédure,
à tous les Tribunaux de France et non point, comme on
l'avait à un moment demandé, aux seuls Tribunaux des plus
grandes villes, ne sera pas une des moindres difficultés de
son application.

Le titre I de la loi du 22 juillet 1912 est intitulé : *Des
infractions à la loi pénale imputables aux mineurs au-dessous
de treize ans.* Il pose en principe que le mineur de treize
ans ne sera jamais, quel que soit le fait qui lui est reproché,
traduit devant la juridiction répressive ; il ne pourra être
soumis qu'à des mesures de tutelle, de surveillance, d'éducation, de réforme et d'assistance qui seront ordonnées par
le Tribunal civil, siégeant en Chambre du Conseil. Pour

faciliter les décisions les plus propres à réformer l'enfant, la loi attribue compétence à divers Tribunaux — lieu de l'infraction, résidence du mineur — et permet notamment au Tribunal saisi de renvoyer l'affaire devant le Tribunal du lieu du domicile des parents ou tuteur. L'instruction, qui est obligatoire dans toutes les affaires (il ne peut y avoir ni citation directe, ni procédure du flagrant délit) sera faite par un juge d'instruction spécialisé auquel le mineur sera amené par les voies les plus rapides. Ce juge spécialisé pourra s'assurer de l'enfant en le remettant provisoirement à une personne digne de confiance, à une institution charitable reconnue d'utilité publique ou désignée par arrêté préfectoral, ou à l'Assistance Publique ; soit en le faisant retenir dans un hôpital ou hospice ou dans tel autre local qu'il désignera. Ce texte paraît très large, et cependant il ne l'est pas encore assez, car il ne permet pas de trouver dans la plupart des villes de province de solution convenable. En aucun cas, cela est certain, ce mineur ne pourra être placé à la Maison d'Arrêt et j'espère bien qu'on ne donnera pas suite à l'idée lancée plaisamment par quelqu'un, qu'on pourrait, pour se tirer d'affaire, le confier ... à la femme du gardien chef qui le placerait..... dans une cellule. Qu'arrivera-t-il si le gardien chef est célibataire ? ou si l'Administration Pénitentiaire interdit ce procédé ? Ce serait, en tous cas, tourner la loi, et faire précisément ce qu'elle n'a pas voulu qu'on fît. Or, si, à Paris, la difficulté pourra se tourner grâce à l'Asile du Dépôt, réservé jusqu'ici aux enfants abandonnés sur la voie publique, et à l'Asile temporaire de l'Assistance Publique, il n'en sera pas de même en province où, dans la plupart des villes n'existe aucun local approprié, pas de société de Patronage, pas d'hospice pouvant les recevoir sans inconvénient pour les malades (ce sont, pour mettre les choses au mieux, des enfants qui jouent et sont bruyants) pas d'Asile temporaire de l'Assistance Publique (il n'y en a en effet qu'un par département). Rien n'existe où l'on puisse retenir ces enfants, qui, j'en fais appel à tous ceux qui les connaissent autrement que par ouï dire, sont quelquefois très difficiles à tenir. Le juge d'instruction ne pourra les retenir à la Maison d'Arrêt que par ordonnance motivée, et, s'il y a prévention de crime, ce qui est heureusement fort rare.

Le juge d'instruction, qui aura assuré au mineur l'assistance d'un défenseur, devra d'abord rechercher si l'enfant .

est bien l'auteur de l'infraction. Il n'était pas inutile de le rappeler dans le texte de la loi ? D'après une théorie qui a encore ses partisans, l'enfant n'aurait pas besoin d'être défendu, et, même s'il n'est pas l'auteur du fait incriminé et qui a attiré l'attention sur lui, mais si le juge estime que des mesures doivent être prises contre lui, il aurait le droit de les prendre. Nous avons le devoir de protester contre une pareille prétention. Quel usage on en pourrait faire à un certain moment contre les parents qui ne partagent pas les idées politiques du gouvernement! Je demande pour les enfants, au moins autant de garanties dans l'administration de la Justice que pour les assassins accusés des crimes les plus odieux. La défense doit rester libre dans notre pays, où nul ne doit pouvoir être inquiété pour un fait délictueux qu'il n'a pas commis.

Si l'enfant apparaît comme l'auteur de l'infraction, le juge doit faire faire une enquête sur la situation matérielle et morale de sa famille. Il peut charger de cette enquête un rapporteur sur la désignation, les attributions et le rôle duquel nous allons avoir à revenir dans la suite de nos explications.

Si une ordonnance de non lieu n'intervient pas, le juge d'instruction renvoie l'enfant devant le Tribunal Civil siégeant en Chambre du Conseil, même s'il a des complices plus âgés, qui, eux, iront devant la juridiction de droit commun. Il y a là une innovation juridique à noter : une ordonnance criminelle renvoyant devant le Tribunal civil. Le Tribunal civil peut : remettre l'enfant à sa famille, le placer jusqu'à sa majorité chez une personne digne de confiance, dans un asile ou un internat approprié, dans un établissement d'anormaux (notez que ces établissements n'existent que sur le papier) soit dans une institution charitable reconnue d'utilité publique ou désignée par arrêté préfectoral, enfin le remettre à l'Assistance publique. De plus, lorsque l'enfant est remis à sa famille, à une personne ou à une institution charitable, il peut être placé sous le régime de la liberté surveillée. Nous aurons à revenir sur ce point. Les audiences ne sont pas publiques: vous me permettrez de le regretter, car si les inconvénients de la publicité sont évidents, ils sont moindres que ceux de la clandestinité. Une expérience récente nous a permis de voir ce qu'on pouvait faire avec la non publicité des audiences en ce qui concerne les mineurs. Peuvent seules assister à l'audience certaines catégories de personnes limitativement énumérées par la loi. Toutefois, la décision est lue en audience publique. Il y aura là dans les Tribunaux où il y a beaucoup d'affaires une source de difficultés pratiques considérables.

La loi n'a pas prévu le défaut. Qu'arrivera t-il si le mineur ne se présente pas ou s'il déclare vouloir faire défaut? La loi n'a prévu comme voie de recours que l'appel qui sera suspensif, sauf exécution provisoire expressément ordonnée par le Tribunal. Il est vraisemblable que le Tribunal ordonnera presque toujours cette mesure. L'appel peut être interjeté par le père, la mère, le tuteur ou le gardien en même temps que par le mineur. Le droit d'appel appartient à la fois à toutes ces personnes et le délai de dix jours court pour celles qui n'assistaient pas à l'audience, du lendemain du jour où la lettre recommandée de notification leur est parvenue. Il y aura donc des délais chevauchant les uns sur les autres, et il sera bien difficile dans certains cas, de savoir si oui ou non, un droit d'appel est encore ouvert. Comment connaîtra-t-on le point de départ du délai? Il faudra, semble-t-il s'adresser à la poste, pour le connaître.

Les décisions du Tribunal sont toujours modifiables; toutefois le mineur ou ses parents ne pourront saisir à nouveau le Tribunal qu'après une période d'un an, depuis le placement ou le refus de changement de décision. Cependant la Chambre du Conseil a toujours le droit de modifier d'office sa décision.

Une source de graves difficultés pratiques existe au sujet des transfèrements au siége du Tribunal, si le mineur en est éloigné et au siège de la Cour en cas d'Appel.

Les contraventions sont soumises au juge de paix en Chambre du Conseil, qui réprimande le mineur et au Tribunal civil en Chambre du Conseil en cas de récidive, d'où il suit, qu'il y faut convoquer les parents dans les formes ordinaires. Au point de vue juridique il en résulte qu'en cas de récidive, le mineur déclaré l'auteur de la contravention sera acquitté si le Tribunal croit devoir le rendre à ses parents.

La loi du 22 juillet 1912 a entendu, on le voit, écarter, en ce qui concerne les mineurs de treize ans, l'Administration Pénitentiaire. Après le 4 mars, il sera donc impossible d'envoyer en correction un mineur de treize ans. Le progrès législatif n'est pas niable, la France était un des rares pays européens où la législation permît de prendre cette mesure. Mais quelle va être la situation de fait? Si mes renseignements sont exacts, il y a actuellement dans les colonies pénitentiaires plusieurs centaines d'enfants qui ont été jugés alors qu'ils avaient moins de treize ans. L'Administration Pénitentiaire leur avait même affecté deux établissements dont on dit le plus grand bien : Saint-Hilaire et Auberive; elle plaçait également ces mineurs dans une œuvre privée digne de tous éloges : l'Orphelinat Saint-Joseph à Frasne-le-Château. Cet établissement se transformera facilement; mais que deviendront les établissements publics après la mise en application de la loi? On parle de les désaffecter et de dire que ces établissements pénitentiaires, seront des établissements civils où tout sera pénitentiaire, sauf l'étiquette. On sera bien obligé d'en arriver là puisqu'il n'existe pas d'autres établissements et que les Tribunaux de province, d'où viennent la plupart des mineurs envoyés en correction avant treize ans, sont obligés d'avoir recours aux établissements publics, puisqu'ils ne disposent d'aucune autre solution pratique. Si l'on ne se résout pas à cette solution dira-t-on que tous ces enfants seront confiés à l'Assistance Publique? Mais elle ne peut les recevoir, parce qu'elle n'a pas, comme l'Administration Pénitentiaire un local auprès de chaque Tribunal, puis, parce qu'elle ne dispose que du placement familial, qui, dans la majeure partie des cas, est voué à un échec certain avec ces enfants. C'est là une des questions les plus délicates soulevées par la mise en application de la loi.

Le titre II de la loi est intitulé : *De l'instruction et du jugement des infractions a la loi pénale imputables aux mineurs de treize à dix-huit ans. Des tribunaux pour enfants et adolescents.* Au contraire des mineurs de treize ans qui sont, en tout état de cause, renvoyés devant les tribunaux civils, les mineurs de treize à dix-huit ans auteurs de délits, les mineurs de seize ans auteurs de crimes, quelle que soit la nature de la peine encourue et s'ils n'ont pas de complices majeurs présents, sont renvoyés, après une instruction préalable, la citation directe étant prohibée, devant les tribunaux correctionnels en audiences spéciales. Les juges d'instruction, chargés des affaires de mineurs, doivent être spécialisés et faire porter leur enquête non seulement sur la matérialité des faits, mais encore sur la situation matérielle et morale du mineur et de sa famille. Le rapporteur n'est pas ici prévu par la loi.

Dans chaque arrondissement une audience spéciale est

réservée aux affaires concernant les mineurs. Au Tribunal de la Seine et dans les tribunaux comportant plusieurs chambres, il est formé une Chambre spéciale, dite Tribunal pour enfants et adolescents. Les appels sont jugés dans les mêmes conditions par la Cour siégeant en audience spéciale. Lorsque le mineur de treize à dix-huit ans a des complices présents plus âgés, lorsqu'un mineur de seize ans est inculpé de crime et a des complices présents plus âgés, l'affaire est portée devant la juridiction de droit commun. La commission instituée au Tribunal de la Seine et dont j'ai eu l'honneur de faire partie, a demandé, puisque les magistrats du Tribunal pour enfants peuvent faire partie d'autres chambres, que les affaires correctionnelles de cette nature, viennent devant les mêmes magistrats, siégeant comme juridiction de droit commun.

Chaque affaire doit être jugée en l'absence de tous autres prévenus. La loi a édicté un système de publicité restreinte, le jugement ou l'arrêt devant néanmoins être lus en audience publique. Il y aura là une source de difficultés matérielles considérables, surtout si l'on a des audiences chargées comme celle de la huitième Chambre du 5 janvier 1914 par exemple, où ont comparu 78 inculpés dont 67 mineurs, 53 affaires étant au rôle et devant être expédiées dans une seule audience. De plus, il sera matériellement impossible d'empêcher, à Paris tout au moins, le contact avant l'audience entre les détenus, ce qui est d'ailleurs profondément regrettable. La publication des débats est interdite, toutefois la décision peut être publiée à condition de ne contenir que l'initiale du nom du mineur.

En ce qui concerne les mesures à prendre, ce titre ne comprend que celles qui peuvent être prises par le juge d'instruction. Les dispositions de l'article 4 de la loi du 19 avril 1898 restent applicables aux enfants victimes de délits ou de crimes. Le juge d'instruction peut décerner mandat de Dépôt, au cas de mineurs auteurs de délits ou de crimes, il peut également les confier à leur famille, à une personne digne de confiance, à une institution charitable reconnue d'utilité publique ou désignée par arrêté préfectoral ou à l'Assistance Publique. Remarquons tout de suite que cette administration ne se trouve pas comprise dans l'énumération du nouvel article 66 du Code pénal — mesures que peut prendre le Tribunal — et qu'il y a dès lors lieu de se demander si les mineurs de treize à seize ans (loi de 1906) ou même de treize à dix-huit ans, pourront être confiés à l'Assistance Publique. Cette administration, je crois pouvoir le dire, est particulièrement inquiète de cette possibilité, elle rejette le cadeau qu'on veut lui faire : pour une raison matérielle, elle n'a pas d'établissements ; pour des raisons morales, ces enfants risquent de contaminer les autres, et, chose plus grave risquent de faire jeter dans le public une défaveur et une suspicion sur tous les enfants malheureux. environ 160.000, qui sont les pupilles de l'Assistance Publique.

Si la garde provisoire est laissée à la famille à un parent ou à un particulier, le juge d'instruction pourra ordonner qu'elle sera exercée sous la surveillance d'une personne digne de confiance, désignée par lui. C'est là le premier des trois cas d'application de la mise en liberté surveillée.

Titre III : *De la liberté surveillée*. Voici donc l'enfant devant le Tribunal. C'est ici que nous trouvons dès l'abord une innovation légale particulièrement importante et intéressante sur laquelle les commentateurs ne paraissent avoir passé un peu rapidement, tout en se montrant partisans de l'interprétation que je crois pouvoir en donner. Ce point particulier est développé dans un très intéressant article de M. l'avocat général Pierre de Casabianca, dans le numéro 2 de la *Revue des Tribunaux pour enfants*, et, je crois pouvoir dire que telle est l'interprétation donnée par la Chancellerie. L'article 20 de la loi, introduit en effet, dans notre législation pénale, comme le demandait le projet que M. Drelon avait déposé à la Chambre grâce à la collaboration de nos collègues Jacques Teutsch et Hermance, le sursis à la sentence. Il est ainsi conçu :

Art. 20 : « Le Tribunal peut prononcer provisoirement la mise en liberté surveillée d'un mineur de treize à dix-huit ans » — on ne voit pas pourquoi la même mesure ne pourrait être ordonnée pour un mineur de treize ans — art. 6 et 25 « sous la garde d'une personne ou d'une institution charitable qu'il désigne et dont il dirige l'action ».

« Le Président explique au mineur ainsi qu'à ses parents, gardien ou tuteur, le caractère et l'objet de la mesure prononcée ».

Que telle soit bien l'interprétation à donner à cet article, il n'y a aucun doute. « Vous voyez », disait le rapporteur de la loi à la Chambre des Députés, M. Drelon, « combien est utile cette période de liberté surveillée; elle permet au Tribunal de ne statuer qu'en parfaite connaissance de cause, de bien se rendre compte s'il est en présence d'un adolescent ayant déjà perdu toute notion de règle morale, n'étant pas susceptible d'être relevé par de simples exhortations et méritant d'être soumis au régime pénitentiaire, ou bien, au contraire, s'il est en présence d'un malheureux égaré ».

C'est pour cela que la loi a voulu que le Président expliquât à l'enfant et à sa famille la portée de la mesure qui a été prise. Si j'en crois mon expérience de praticien des affaires d'enfants, si la nouvelle loi a un heureux effet et produit de bons résultats, c'est très certainement en majeure partie à cette sage mesure qu'elle les devra. Ainsi, avant même de statuer, avant même de résoudre la question de discernement, le Tribunal peut mettre l'enfant à l'épreuve et réserver sa décision. Si l'on use de cette faculté avec mesure — j'allais dire avec discernement — ce sera surtout par là que la loi nouvelle aura justifié son existence.

Quelles sont maintenant les solutions définitives que peut prendre le Tribunal ? Si le mineur de treize à dix-huit ans est déclaré avoir agi sans discernement, il est acquitté ; mais il est remis à ses parents, à une personne ou à une institution charitable, ou conduit dans une colonie pénitentiaire pour un nombre d'années qui ne peut excéder l'époque où il aura atteint l'âge de vingt et un ans. Ici se pose une question d'ordre exclusivement pratique : dans ces dernières années, les Tribunaux, d'accord avec l'Administration pénitentiaire, envoyaient en correction jusqu'à leur majorité certains mineurs, sous la réserve qu'ils seraient en principe, confiés à des œuvres charitables qui les réclamaient en liberté provisoire immédiatement. On combinait ainsi l'article 66 du Code Pénal avec l'article 9 de la loi de 1850. Cette pratique sera désormais impossible pour les mineurs de treize ans qui ne pourront plus être envoyés en correction. Mais, continuera-t-elle à fonctionner — et ce, pour le plus grand bien des enfants, car cette mesure a jusqu'ici produit d'excellents résultats — pour les mineurs de treize à dix-huit ans ? Il y a là une question intéressante et je souhaite très sincèrement que l'Administration Pénitentiaire veuille bien la résoudre par l'affirmative.

Lorsque le mineur est remis à ses parents, à une personne ou à une institution charitable, il peut être placé jusqu'à l'âge de vingt et un ans au plus sous le régime de la liberté surveillée.

La mise en liberté surveillée des mineurs de treize ans

s'exerce dans les mêmes conditions que celle des mineurs de treize à dix-huit ans.

Si le mineur est déclaré avoir agi avec discernement, il est condamné, mais bénéficie, s'il a moins de seize ans, comme sous l'empire du droit antérieur, de certaines atténuations de peine (art. 67, 68, 69 du code pénal).

Le législateur a prévu pour l'aider dans l'accomplissement de cette tâche délicate et difficile la collaboration de personnes n'appartenant pas au monde judiciaire et qui seront chargées de renseigner les magistrats sur l'opportunité des mesures à prendre ou à modifier dans l'intérêt des mineurs délinquants ou criminels :

1° En ce qui concerne les mineurs de treize ans, des rapporteurs, qui interviendront pendant l'instruction pour renseigner le juge sur la situation matérielle et morale du mineur et de sa famille ;

2° En ce qui concerne les mineurs de dix-huit ans, mis en liberté surveillée, à l'instruction par le juge d'instruction ; par le Tribunal, provisoirement, avant la sentence, ou définitivement, après la sentence, des délégués chargés de surveiller le mineur et de renseigner le juge ou le tribunal sur sa conduite.

Il y a là une institution nouvelle, une nouvelle catégorie de personnes concourant à l'action de la justice. L'organisation de cette institution, le choix et les pouvoirs à donner à ces personnes méritent d'attirer l'attention de la Société générale des prisons.

### Rapporteurs.

La loi s'occupe des rapporteurs dans ses articles 4 et 5 lesquels sont ainsi conçus :

« Article 4. Le juge d'instruction recherche en se conformant aux règles générales du Code d'Instruction criminelle et de la loi du 8 décembre 1897, si le mineur est l'auteur de l'infraction qui lui est reprochée.

« S'il n'y a pas de charges suffisantes contre l'enfant, ou si le fait qu'on lui impute ne constitue ni crime, ni délit prévu par la loi, le juge, après les réquisitions du ministère public, rendra une ordonnance de non lieu.

« S'il paraît, au contraire, que l'enfant est l'auteur d'un fait qualifié crime ou délit, il devra être procédé à une enquête sur la situation matérielle et morale de la famille, sur le caractère et les antécédents de l'enfant, sur les conditions dans lesquelles celui-ci a vécu et a été élevé et sur les mesures propres à assurer son amendement. Cette enquête sera complétée, s'il y a lieu, par un examen médical.

« Le juge d'instruction pourra charger de cette enquête complémentaire, un rapporteur, figurant sur une liste établie par la Chambre du Conseil au début de l'année judiciaire et choisi de préférence parmi les catégories suivantes : magistrats ou anciens magistrats, avocats de l'un ou l'autre sexe, avoués ou avoués honoraires, membres de l'un ou l'autre sexe des sociétés de patronage reconnues d'utilité publique ou désignées par arrêté préfectoral et membres de l'un ou l'autre sexe des comités de défense des enfants traduits en justice.

« Ce rapporteur entend l'enfant, recueille près de toute personne tous renseignements et procède à toutes vérification qui lui paraîtront nécessaires dans l'intérêt du mineur. S'il rencontre quelque difficulté dans l'accomplissement de sa mission, il en réfère immédiatement au juge d'instruction. Il adresse à ce magistrat un rapport écrit constatant les résultats de ses investigations, que celui-ci complète s'il y a lieu.

« Article 5. La Chambre du Conseil statue après avoir entendu l'enfant, les témoins, les parents, le tuteur ou le gardien, le rapporteur s'il en a été commis, ainsi que le Ministère Public et le défenseur.

« Elle constate dans sa décision la présence des personnes ci-dessus énumérées ».

La première question qui se pose à leur sujet est celle de savoir à quel moment la liste sera composée. La loi dit qu'elle sera établie par la Chambre du Conseil au commencement de l'année judiciaire. Mais quelle sera la Chambre du Conseil chargée de dresser cette liste ? Il semble qu'il ne peut y avoir de discussion sur ce point. Ce sera la Chambre du Conseil chargée de juger les mineurs de treize ans, et, en fait, la Chambre du Conseil du Tribunal pour enfants. La commission du Tribunal de la Seine a, en effet, demandé que ces deux juridictions soient composées des mêmes magistrats. Cette liste, une fois dressée, doit-elle être considérée comme immuable pour l'année ? ou pourra-t-elle être complétée par la suite ? Il semble qu'il ne faille pas admettre l'immutabilité de la liste pour laisser la plus grande latitude possible au Tribunal dans le choix des rapporteurs.

La loi, apres avoir indiqué par qui sera établie la liste sur laquelle les juges d'instruction désigneront les rapporteurs, cite, à titre d'indication, dans quelles catégories de personnes ils seront choisis de préférence :

a) *Magistrats ou anciens magistrats*. — Sans doute, nul mieux qu'un magistrat ou un ancien magistrat n'est qualifié pour remplir ce rôle de collaborateur de la Justice : « Il serait désirable, m'écrit notre collègue, M. le professeur Paul Cuche, que ce fussent surtout des magistrats. J'ai pu me rendre compte quand j'ai abandonné au conseiller Boccacio la direction de notre société de Patronage, de l'avantage qu'il tirait de sa qualité de magistrat qui lui donnait de l'autorité auprès des parents et des enfants, auprès des commissaires de police pour les enquêtes, auprès des Parquets pour les déchéances de puissance paternelle, etc... Etant donné que la loi n'a conféré aux délégués et aux rapporteurs aucun pouvoir personnel de contrainte, ce que l'on peut regretter, il serait bon que ce pouvoir, ils le possédassent plus ou moins en vertu de leurs fonctions ». Cela est fort juste; mais je doute fort que les magistrats, déjà surchargés de besogne, acceptent ces nouvelles fonctions. Et puis, car il faut tout dire, leur situation pourrait quelquefois être très délicate. Le rapporteur aura l'air, même s'il a le même grade que le magistrat instructeur, de le surveiller. Mais, supposez un conseiller à la Cour d'appel ou même à la Cour de cassation, acceptant ces fonctions : comme la situation du juge d'instruction, qui pourra être un juge suppléant. sera délicate, comme la situation du tribunal sera difficile, s'ils ne pensent pas devoir admettre les conclusions de son rapport. C'est pourquoi, je ne crois pas que les magistrats sollicitent cet honneur, et je n'ai pas entendu dire qu'aucun d'entre eux ait adressé de demande à M. le président Flory qui recueille toutes les adhésions pour établir la première liste des rapporteurs devant le tribunal de la Seine. Je ne vois que les anciens magistrats qui pourraient accepter ces fonctions.

b) *Avocats de l'un et l'autre sexe*. — Un débat s'est institué sur le point de savoir si les avocats doivent se faire inscrire comme rapporteurs, à la Commission du Tribunal de la Seine et devant le sous-comité de défense des enfants traduits en justice de Paris. Les uns sont d'avis que la loi ayant inscrit les avocats dans son texte, ils ont le devoir de s'y conformer. On peut, d'ailleurs, faire le même raisonnement en ce qui concerne les magistrats. Les autres, dont je

suis, ont des scrupules ; ils craignent d'empiéter sur les pouvoirs de police et de faire œuvre de policiers — dans le bon
sens du mot — mais œuvre incompatible avec leur caractère.
C'est à une enquête judiciaire, véritable enquête de police,
nous le verrons, en étudiant ses fonctions, que doit procéder
le rapporteur. Les termes, toutes vérifications nécessaires,
employés par la loi, sont d'une redoutable indétermination.
Je sais bien que, si mes renseignements sont exacts, la Chancellerie estime que quelque importance qu'ait la mission des
rapporteurs, ils n'ont aucun des pouvoirs de police judiciaire
et ne peuvent, par suite, ni procéder à des perquisitions, ni
entendre des témoins sous serment. Mais elle pense également
qu'ils concourent effectivement à l'information : aussi, bien
qu'ils n'aient pas à proprement parler de pouvoirs judiciaires
est-d'elle d'avis qu'il est désirable qu'ils ne soient pas complètement étrangers aux principes de la procédure pénale.
D'ailleurs, après avoir sollicité les avocats, se hâte-t-on
d'ajouter, qu'en fait, ils ne seront pour ainsi dire jamais rapporteurs.

Sans doute, le rôle de l'avocat du mineur est un rôle un
peu différent de celui de l'avocat d'un majeur. Mais il ne faut
pas que l'avocat oublie pour cela qu'il est un avocat. Il est
admis par tous les avocats, comme le dit excellemment une
de mes jeunes et dévouées consœurs, Mᴵˡᵉ Aimée Borrel,
qu'ils doivent non seulement défendre, mais protéger, qu'ils
ont le droit et le devoir de prendre tous renseignements
utiles pour assurer l'avenir de leur jeune client et de faire
des démarches personnelles dans ce but. C'est ainsi que je
comprends mon rôle, c'est ainsi que le comprennent tous
mes confrères — je parle de ceux qui sont dévoués à la cause
de l'enfance autrement qu'en paroles, de ceux que l'on voit
réellement aux audiences de mineurs. Rôle éminement utile
et sans lequel le tribunal se trouverait, dans bien des cas,
dans l'impossibilité de statuer : j'en appelle à tous les magistrats du tribunal de la Seine et de la Cour de Paris sur ce
point. Nous n'avons pas besoin d'une délégation du juge
d'instruction pour faire notre devoir, délégation qui pourrait
à certains moments être gênante pour notre conscience d'avocat. Découvrant, par exemple, un complice, où serait notre
devoir ? Il est, de plus, nécessaire qu'il y ait à la barre un
avocat pour défendre l'enfant, et cela, dans l'intérêt même de
la justice ; il ne faut pas que le mineur puisse dire qu'il a été
déclaré coupable sans pouvoir s'expliquer. On n'a que trop

de tendance à supprimer la défense en cette matière. « Pour mieux sauver l'enfant, a pu écrire M. Garçon, les patronages ont émis la prétention de l'avoir tout entier à leur discrétion... Tous les prétextes leur sont bons pour s'emparer de lui. » Laissez-moi protester contre la tendance qu'ont certains esprits, qui désirent supprimer complètement la défense : Il faut, dit-on, que l'avocat disparaisse. Il est, en effet, inutile car il n'a pas, devant le juge des enfants, à opposer la thèse de la défense à celle de l'accusation. Et bien si, il doit le faire et s'il ne le fait pas, il ne remplit pas son devoir, et, je suis convaincu que tout le monde sera d'accord avec moi pour déclarer que si un avocat laissait sciemment déclarer coupable un de ses clients qui n'est pas l'auteur du fait incriminé, même sous prétexte de bienfaisance, il ne mériterait pas de continuer à être autorisé à revêtir la robe qu'il a l'honneur de porter. Il y a d'autres moyens de bienfaisance que les sanctions pénales pour les innocents. Et c'est pourquoi, j'ai des scrupules en ce qui concerne les fonctions de rapporteur, c'est pourquoi je préfère les voir remplir par d'autres que les avocats. Mes confrères agiront comme ils l'entendront, d'après leur conscience ; mais, quant à moi, je resterai à la barre et je me poserai toujours, avant tout, la question de savoir si l'enfant est bien l'auteur du fait et si ce fait est puni par la loi pénale.

c) *Avoués ou avoués honoraires, membres des sociétés de Patronage ou des comités de défense des enfants traduits en justice.* — Il n'y a, semble t-il, aucune observation à faire sur la désignation de ces diverses catégories de personnes.

Il semble que d'autres personnes qui ne figurent pas dans cette énumération pourraient être utilement désignées: on pourrait, par exemple, désigner les instituteurs publics ou privés. Les maîtres qui connaissent bien les enfants quelquefois pour les avoir suivis pendant plusieurs années, et ont souvent sur eux une influence personnelle, feraient de très bons rapporteurs ou délégués; on en trouverait également parmi les fonctionnaires de l'Assistance publique, de l'Administration pénitentiaire, parmi les inspecteurs du Travail, les professeurs d'agriculture etc... L'un de mes correspondants qui est d'avis qu'on ne trouvera pas facilement en province, dans les petits tribunaux, des rapporteurs ou des délégués, pense, avec raison, que l'on pourra charger de cette mission certains maires, gardes champêtres ou gendarmes qui sont souvent d'excellents pères de famille.

Remarquons que la loi et le règlement d'administration publique n'ont point déterminé les conditions à remplir par les rapporteurs. Il est évident qu'il faudra choisir des personnes honorables, dévouées à la cause de l'enfance. Le président de la Chambre du Conseil devra procéder à une enquête approfondie sur chaque candidature et la commission du tribunal de la Seine a demandé qu'il se fasse communiquer le casier judiciaire (bulletin n° 2) de chaque candidat.

Devront-ils être Français ? Sur ce point deux thèses sont en présence. Dans une première opinion, les rapporteurs, qui ont un mandat de justice devraient obligatoirement être Français. Telle avait été l'opinion de la commission du tribunal de la Seine. On a même dit qu'un pourvoi basé sur la non qualité de Français du rapporteur aurait des chances d'être admis. Dans une autre opinion, au contraire, on estime qu'il ne faut, en cette matière, repousser aucune bonne volonté, et que, d'ailleurs, des rapporteurs étrangers pourront quelquefois être très utiles pour leurs nationaux ne parlant pas notre langue et dans les villes frontières, comme Lille, par exemple. A mon sens, le rapporteur devrait être Français, ce qui ne l'empêcherait pas, du reste, de se renseigner auprès d'une personne charitable étrangère. J'accepterais plus volontiers un délégué étranger. Mais, si l'on décide qu'il pourra être étranger, je voudrais qu'il ne fût choisi que pour des raisons spéciales et particulières et à défaut de Français.

Nous arrivons ainsi à une question particulièrement délicate et qui est celle de l'impartialité du rapporteur ; la même observation pouvant s'appliquer au délégué. Il y a à craindre, surtout en province, l'intrusion des querelles politiques ou religieuses. Ce n'est pas là le moindre danger de la nouvelle institution. Il faut soigneusement en bannir tout ce qui pourrait créer des difficultés de cet ordre dans l'administration de la Justice. Il est nécessaire que le rapporteur soit indépendant au point de vue politique ou religieux ; il faut qu'il sache faire abstraction de ses idées propres et ne pas contrarier les idées respectables du père de famille. Il est impossible, comme on y avait songé, de dresser des listes de rapporteurs ou de délégués classés par religions. Le délégué n'a pas à poser de question sur ce point ; il n'a point de conseil à donner à ce point de vue. Cela ne veut pas dire que la question religieuse soit indifférente. S'il a affaire à une famille pratiquante, le rapporteur agira sagement en s'adressant au curé, au pasteur ou au rabbin pour avoir des renseignements et il fera bien de profiter de l'enseignement religieux que l'enfant aura pu recevoir, pour essayer de le moraliser. On n'a, malgré tout, rien trouvé de mieux que l'éducation religieuse pour élever l'enfant, et les belles croyances de notre jeune âge — à quelque religion que nous appartenions, elles sont toutes respectables — n'ont pas été remplacées par les tableaux de morale par l'exemple, bien qu'ils soient signés du nom d'un inspecteur général de l'Intruction publique.

Le rapporteur, dit la loi, entend l'enfant, recueille près de toute personne tous renseignements et procède à toutes vérifications qui lui paraîtront nécessaires dans l'intérêt du mineur. M. Julhiet précise ainsi son rôle :
« Son enquête, dit-il, portera sur les points suivants :
1° *L'enfant lui-même*. Le rapporteur doit voir l'enfant, causer avec lui, gagner sa confiance ; il se rendra compte alors de son caractère, de ses aptitudes, de sa moralité, de son éducation religieuse.

« Il doit savoir aussi, si l'enfant va à l'école régulièrement et quel est son degré d'instruction.

« Si le rapporteur a des raisons de supposer que l'enfant a des tares de santé, ou doit être classé parmi les anormaux ou les arriérés, il doit en référer au juge d'instruction pour qu'un examen médical de l'enfant soit effectué. Une enquête doit donc être faite sur les maladies antérieures de l'enfant et de sa famille.

« 2° *La famille*. Le rapporteur doit se renseigner sur les parents de l'enfant, ses frères et ses sœurs et s'informer de la moralité de la famille. Il doit se rendre compte de la salubrité du logement. Enfin, il doit connaître la situation pécuniaire de la famille, ce que gagnent le chef de la famille et les autres membres.

« Il est important aussi de connaître quels sentiments réels l'enfant a pour ses parents et quels sentiments ses parents ont pour lui.

« 3° *Le milieu où vit l'enfant*. Ce milieu est constitué par les voisins, les habitants de la même maison surtout, et aussi par les camarades habituels de l'enfant.

« Le rapporteur doit se documenter aussi complètement que possible sur cette question qui présente beaucoup d'intérêt au point de vue de la décision qui sera prise ultérieurement à l'égard de l'enfant. Même avec de bons parents, il est dangereux de laisser un enfant faible dans des maisons mal habitées. »

Si vous voulez vous donner la peine de comparer la nature de ces renseignements avec celle de ceux qui sont actuellement demandés au commissaire de police dans la commission rogatoire en usage au Tribunal de la Seine et qui est l'œuvre de M l'avocat général de Casabianca, vous verrez que je ne me trompais pas tout à l'heure, en disant que c'est à une véritable enquête de police que doit procéder le rapporteur.

Mais le rapporteur n'est pas un officier de police judiciaire, il est un auxiliaire du juge d'instruction qu'il a pour mission de renseigner, sans aucun pouvoir, sans aucune protection. Il ne saurait être assimilé à un expert. Certains ont demandé qu'il prêtât serment : cette opinion est, en général abandonnée et je crois savoir que la Chancellerie est sur ce point de cet avis. Il ne saurait être considéré davantage comme un citoyen chargé d'un service public. En cas de difficulté, il ne peut qu'en référer au juge d'instruction. Vous regretterez, peut-être, que la loi n'ait pas prévu quelle protection lui serait accordée au cas possible où il serait injurié ou frappé.

Son enquête, on ne saurait trop le répéter, n'est qu'officieuse et je crois que les juges d'instruction de la Seine continueront à adresser la commission rogatoire au commissaire de police, qui, lui, a des pouvoirs judiciaires. Qu'arrivera-t-il lorsque les conclusions et les constatations du rapporteur et du commissaire seront en contradiction ?

En cas de résistance des parents, le juge d'instruction ne pourra la vaincre qu'en se renseignant par le commissaire de police, soit en retirant l'enfant à ses parents, soit en citant devant lui les personnes susceptibles de lui donner des renseignements.

Le rapporteur pourra être en conflit avec le défenseur. Quelles seront leurs situations respectives ? Le rapporteur devra à cet égard être considéré comme un simple témoin. Il y a là une raison de plus pour que les avocats ne soient pas chargés de cette mission.

Enfin, la plus grosse question est celle de savoir où le rapporteur trouvera l'enfant. Pas de difficultés si le juge laisse l'enfant à sa famille. Mais si cela est impossible ?

Sans doute, à Paris, il sera au Dépôt de l'Assistance Publique ; mais en Province où il n'y a pas d'établissements publics ou privés, où le seul qui existe, l'Asile dépositaire de l'Assistance Publique peut être fort éloigné du siège du Tribunal ? Nous touchons là à la question des établissements qui est actuellement, sur le rapport de M. E. Prévost, discutée à l'Union des Patronages.

Heureusement, au point de vue pratique, que le juge d'instruction pourra toujours tourner la difficulté en ne désignant pas de rapporteur. Le rapporteur est, en effet, facultatif. Je crois même savoir qu'au Tribunal de la Seine on a l'intention de ne désigner un rapporteur qu'exceptionnellement. Toutes les personnes que j'ai consultées m'ont répondu qu'à leur avis, on userait rarement de cette faculté.

L'avenir seul nous dira, si, étant donnés le dévouement des juges d'instruction et des avocats sur lesquels on peut compter, l'institution des rapporteurs sera d'une grande utilité.

### Délégués.

Si le rapporteur est facultatif, il n'en est pas de même du délégué, qui est obligatoire dans tous les cas de mise en liberté surveillée. C'est lui, en effet, qui saisit le Tribunal de l'opportunité des mesures modificatrices de sa première décision.

Ce que nous venons de dire des rapporteurs s'applique en grande partie aux délégués et va nous permettre d'être relativement brefs en ce qui concerne :

C'est d'abord l'article 6 2° en ce qui concerne les mineurs de treize ans :

« Lorsque la Chambre du Conseil aura ordonné que le mineur sera remis à sa famille, à une personne ou à une institution charitable, elle pourra, en outre, charger un délégué d'assurer sous sa direction, la surveillance du mineur dans les conditions prévues au Titre III de la présente loi ».

En ce qui concerne la mise en liberté provisoire ordonnée par le juge d'instruction, l'article 16 4° est ainsi conçu :

« Si la garde provisoire est laissée à la famille du mineur, à un parent ou à un particulier, le juge d'instruction peut ordonner qu'elle sera exercée sous la surveillance d'une personne digne de confiance, désignée par lui ».

Il importe de remarquer qu'ici le rôle du délégué ressemble fort à celui du rapporteur. Il en est de même dans le cas de sursis à la sentence prévu à l'article 20 de la loi et dont nous avons parlé. En effet, le délégué renseignera le Juge ou le Tribunal sur la conduite du mineur pendant la période d'épreuve et fera ainsi un véritable rapport sur la situation morale du mineur, qui inclinera le juge à l'indulgence ou à la sévérité.

L'article 21 2° dispose :

« Dans le cas où le Tribunal aura ordonné que le mineur sera remis à ses parents, à une personne ou à une institution charitable, il pourra décider, en outre, que ce mineur sera placé, jusqu'à l'âge de vingt et un an au plus, sous le régime de la liberté surveillée.

« A l'expiration de la période fixée par le Tribunal, celui-ci statuera à nouveau à la requête du Procureur de la République »

Il n'y aura évidemment plus lieu de statuer si la période fixée est la majorité de l'enfant

Mais ici se pose une question qui a beaucoup ému le monde des œuvres. Lorsque l'enfant est confié à un Patronage en liberté surveillée, le Tribunal peut-il désigner un délégué qui ne soit pas membre de l'Œuvre ? Notez que les œuvres recourront fréquemment à cette mesure qui leur permet de ramener devant le Tribunal l'enfant qu'elles ne pourraient conserver. On a soutenu que ce délégué devait obligatoirement être étranger à l'Œuvre. Mais, a-t-on répondu, cela créerait une source de difficultés pratiques considérables et une situation très délicate du délégué, qui peut lui-même faire partie d'une autre œuvre, vis à vis de la direction du Patronage qui a recueilli l'enfant. D'autre part, si le délégué appartient à l'Œuvre, sa surveillance devient illusoire, et sans intérêt pratique, les œuvres s'occupant avec la même sollicitude de tous les enfants qui leur sont confiés. M. Ferdinand-Dreyfus que j'ai consulté à ce point de vue m'a autorisé à vous déclarer qu'il n'était pas question de désigner comme délégué d'un enfant confié à une œuvre un membre d'une autre œuvre, qu'en tous cas le délégué étranger à l'Œuvre ne pourrait jamais s'immiscer dans son fonctionnement. Je sais que certaines personnalités les plus actives de la bienfaisance privée accepteront bien d'être surveillées mais se refuseront à aller exercer une surveillance dans les œuvres dont elles ne font pas partie. Pratiquement si l'on admet cette manière de voir, le plus simple sera de désigner, dans ce cas, le Directeur ou la Directrice de l'Œuvre, qui sont les mieux placés pour prendre l'initiative d'un changement de décision, Et le Tribunal appréciera.

En ce qui concerne le choix des délégués, l'art. 22 est ainsi conçu :

« Le Tribunal peut désigner en qualité de délégués, un certain nombre de personnes de l'un ou l'autre sexe, chargées, sous sa direction, d'assurer et de contrôler la mise en liberté surveillée, prononcée en vertu des articles 20 et 21.

« Ces délégués sont choisis de préférence parmi les membres des sociétés de Patronage, des comités de défense des enfants traduits en justice, des institutions charitables agréées par le Tribunal ; ils peuvent être des particuliers choisis directement par lui ».

Nous ne retrouvons pas ici l'énumération que nous avions rencontrée pour les rapporteurs. Il semble cependant que les mêmes noms peuvent être inscrits sur la liste.

Le choix des délégués appel le deux observations. D'abord, il ne semble pas que les avocats puissent accepter une mission qui consiste à ramener, personnellement, l'enfant devant le Tribunal. Ensuite, en ce qui concerne les étrangers. Le délégué n'a pas à remplir une simple mission d'assistance. Il a des pouvoirs considérables qui lui donnent qualité pour poursuivre la modification de décisions de Justice. Ne doit-il pas alors être considéré comme agissant en vertu d'une délégation de Justice ? Il y a là une considération qui me paraît de nature à faire réfléchir avant de prendre une résolution définitive sur ce point.

Quel est le rôle des délégués ?

« Pendant la période fixée, dit l'article 23, les délégués visitent les mineurs en liberté surveillée aussi souvent qu'il est nécessaire et fournissent des rapports sur leur conduite au Président du Tribunal. En cas de mauvaise conduite ou de péril moral d'un mineur en libertée surveillée ainsi que dans le cas où des entraves systématiques seraient apportées à la surveillance, le Président toutes les fois qu'il le jugera nécessaire, pourra, soit d'office, soit sur simple requête du délégué, ordonner de citer le mineur et les personnes chargées de sa garde à une prochaine audience pour qu'il soit statué à nouveau.

« En cas de décès ou d'empêchement du délégué. son remplaçant sera désigné par ordonnance du Président du Tribunal pour enfants et adolescents.

« Art. 24. — En cas de décès, de maladie grave, de changement de résidence ou d'absence non autorisée du mineur en liberté surveillée, les parents, tuteur, gardien ou patron doivent prévenir sans retard le délégué qui en informe le Président du Tribunal pour enfants et adolescents ».

En ce qui concerne les détails de ce rôle, je ne saurais mieux faire que de vous citer sur ce point l'opinion de M. Julhiet qui nous ramena en 1906 d'Amérique la liberté surveillée. C'était, en réalité, une ancienne connaissance. Elle existait en France depuis longtemps. Il y avait longtemps que les Patronages pratiquaient ce système pour les enfants qu'ils recuillaient, que l'Assistance Publique le connaissait dans ses placements familiaux, que l'Administration Pénitentiaire y avait recours en plaçant hors de la colonie et sous sa surveillence, les pupilles dont la conduite avait été satisfaisante.

« Le délégué, dit M. Julhiet, est chargé d'assurer et de contrôler l'application de la liberté surveillée pendant des mois et des années, il a une vraie mission éducative et moralisatrice.

« Toutefois, le premier soin du délégué, quand le Tribunal lui confie un enfant, doit être de se renseigner complètement sur l'enfant, comme l'aurait fait un rapporteur. Ce n'est qu'ainsi qu'il pourra exercer sur l'enfant une action utile.

« I. — *Enquête sur l'enfant.* (Voir mission du rapporteur.)

« II. — *Surveillance et action moralisatrice sur l'enfant.*

*a)* Dès qu'un enfant est confié à un délégué, celui-ci doit d'abord gagner sa confiance et lui expliquer en quoi consiste la liberté surveillée ; l'enfant doit comprendre que c'est une mesure de faveur qui le laisse dans sa famille et lui permet de se relever : son sort est entre ses mains ; sa vie sera ce qu'il la fera ; s'il est de bonne volonté, le délégué l'aidera. Mais le délégué insistera sur son droit de ramener l'enfant devant le Tribunal, même sans nouveau délit, en cas de mauvaise conduite ou de péril moral.

Le délégué doit exposer les mêmes considérations à la famille de l'enfant, et demander sa collaboration complète à l'œuvre de relèvement de l'enfant.

*b*) Le délégué doit s'assurer immédiatement que l'enfant fréquente l'école ou se livre à un travail régulier. Si l'enfant est en âge scolaire, le délégué doit exiger la fréquentation très régulière de l'école.

Si l'enfant a fini ses classes, le délégué doit exiger que l'enfant travaille ou s'occupe régulièrement. Le délégué doit chercher lui-même du travail à l'enfant, se tenir en rapports avec les œuvres et les bureaux de placement.

*c*) Le délégué doit voir l'enfant souvent et régulièrement chaque semaine, au moins, tant que l'enfant est en danger moral. Les visites doivent être faites en général au domicile de l'enfant, et, autant que possible, à des heures différentes. Les visites doivent être faites par le délégué lui-même et non par un intermédiaire...

*d*) Le délégué doit tenir note de toutes ses visites. Il rédige chaque mois un rapport qu'il adresse au Président du Tribunal. En cas de mauvaise conduite, il avisera immédiatement le Président du Tribunal.

*e*) L'action sur l'enfant doit être exercée par le délégué suivant la manière la plus conforme au caractère de l'enfant...

*f*) Le délégué fera bien de se mettre eu rapports avec l'instituteur, le curé, le pasteur ou le rabbin, s'il y a lieu... Vis-à-vis du patron il faudra être très prudent : souvent le patron ou les camarades de l'enfant ignorent qu'il est en liberté surveillée, et, s'ils le savaient, ils pourraient le lui faire sentir cruellement.

*g*) Le délégué doit se faire aider de toutes les influences morales qui peuvent agir sur l'enfant... »

On le voit, la fonction du délégué est une charge écrasante. Le délégué qui appartiendra à un certain monde, puisqu'il n'est pas rétribué, prendra sans doute des vacances. Que se passera-t-il en cas de difficultés survenant pendant son absence ? Je crains fort que les délégués, ceux-là mêmes qui sollicitent cet honneur avec le plus d'enthousiasme débordant, ne renoncent vite, la première ardeur passée, à cette lourde charge. Il faut véritablement n'avoir rien autre à faire pour remplir cette mission, ou alors elle ne sera pas sérieusement remplie : « Vous trouverez peut-être assez facilement, me dit un de mes correspondants, substitut dans une ville de province, des personnes qui consentiront à verser annuellement 5, 10 ou 20 francs, mais vous trouverez infiniment peu de gens disposés à faire des visites, des enquêtes, des rapports, etc... en un mot à remplir avec exactitude les fonctions de délégués ». Si vous ajoutez à cela les ennuis qu'ils auront du côté des familles quand ils auront provoqué un changement de décision, vous comprendrez quelle charge constitue la mission très honorable de délégué.

Le grand intérêt légal de la mise en liberté surveillée, est que cette mesure n'est jamais définitive, qu'il est toujours possible de la modifier dans l'intérêt de l'enfant. Ce n'est pas qu'elle sera d'une application facile. Il faudra compter avec la défiance des familles. Puis, il faudra un certain temps pour changer la décision, puisqu'il faudra instituer un véritable débat devant le Tribunal. La procédure employée par les patronages et l'administration pénitentiaire avait l'avantage de la rapidité. En cas de révolte ou de fuite de l'enfant, il était possible de s'assurer de sa personne dès qu'il était retrouvé. D'autre part, il arrivera fréquemment que l'enfant mis en liberté par un tribunal sera, en fait, placé très loin du siège de ce tribunal. Comment le délégué remplira-t-il alors sa mission ? D'autant plus que ses fonctions sont gratuites. Il ne pourra en tous cas, que se faire rembourser ses frais de déplacement.

Et pourtant, il serait très intéressant, malgré toutes ces difficultés, d'essayer de faire fonctionner le système de la mise en liberté surveillée. Elle a, en effet, une très grande importance. Il est très beau de faire des lois, des procédures intéressantes, d'instituer des tribunaux spéciaux, d'avoir des œuvres qui gardent dans leurs établissements les enfants qui leur sont remis. Mais l'aboutissement de tout cela doit être le reclassement de l'enfant dans la société. C'est pourquoi cette mesure peut être intéressante pour permettre au mineur qui a commis des fautes de refaire l'apprentissage de la liberté.

Sans doute, elle est impraticable avec un grand nombre d'enfants, soit parce qu'ils sont trop pervertis, soit parce qu'ils n'ont pas de famille, du moins digne de ce nom, ce n'est malheureusement pas rare à notre époque. Mais il y a des cas nombreux où elle peut rendre les plus grands services, c'est pourquoi nous devons faire tous nos efforts pour une application de la loi sur ce point.

Tant vaudront les délégués, tant vaudra la réforme. On ne sera jamais trop sévère sur leur recrutement, on ne prendra jamais trop de précautions au point de vue de leur neutralité politique et religieuse. Il est de toute nécessité qu'ils aient une moralité particulière et aussi une certaine expérience des enfants. Il faut qu'il soit bien entendu qu'on exigera d'eux des qualités de douce fermeté. Il ne suffira pas de s'intéresser vaguement à une œuvre pour pouvoir être choisi comme délégué, pas plus qu'il ne suffira d'être recommandé par un personnage politique  Avant d'être choisi — c'est un honneur et c'est une charge — il faut avoir montré à la Chambre du Conseil que l'on a toutes les qualités nécessaires pour remplir cette délicate mission

Au reste, les délégués resteront toujours sous la surveillance  du Tribunal. Cela est formellement et très sagement inscrit dans la loi  Il ne faut pas qu'il y ait d'arbitraire en cette matière. Si le délégué a le droit de faire des observations à l'enfant, le Tribunal a le droit d'en faire au délégué et il a le devoir de le surveiller très étroitement dans l'accomplissement de sa tâche  Les délégués ont un mandat de la Justice, mandat de surveillance et de protection, ils en doivent compte à la Justice.

Telle est l'économie générale de la loi : « Mais, il ne suffit pas de voter une loi, disait M. le Garde des Sceaux Bienvenu-Martin, à la séance du Comité de Défense des enfants traduits en justice du 14 janvier 1914, il faut la faire vivre » Tout le monde est d'accord pour dire qu'il ne sera pas aisé d'en sortir. A Paris, on s'en tirera plus facilement, grâce à des artifices de procédure et parce qu'il y existe, en fait, un certain nombre d'établissements publics ou privés. Mais, en Province, dans la plupart des villes où n'existe rien, que fera le Tribunal? Resterons-nous, ce qui serait déplorable, sous l'empire de la pratique antérieure — dans le doute, abstiens toi — et qui faisait que les Parquets ne poursuivaient pas? Ou bien, procédera t-on comme dans certaine grande ville de France où sur 31 mineurs arrêtés 30 ont été remis en liberté par le Parquet et un par le Tribunal? Cela est inadmissible, et je suis certain que la Chancellerie va donner les instructions nécessaires pour que la loi soit appliquée dans la mesure du possible. Je retrouve l'écho de toutes ces craintes et appréhensions dans les lettres qu'ont bien voulu m'adresser sur ce point certains de nos collègues de province. « Ce qu'il faut avant tout, m'écrit l'un d'eux, ce sont des organes d'application et notamment des établissements d'éducation et de réforme. Le législateur de 1912, pas plus que celui de 1906 (minorité de 18 ans) ou de 1908 (prostitution) n'a eu la force de les faire sortir de terre d'un coup de talon. Progrès législatif, soit, mais sans aucun souci des voies et moyens : par conséquent progrès de façade, masquant un lamentable retard des institutions pénitentiaires et d'assistance ». Que mon distingué correspondant me permette d'ajouter, à la décharge du législateur de 1912, que si les lois antérieures prévoyant la création d'établissements spéciaux, notamment pour les enfants difficiles ou vicieux ou pour les anormaux, avaient été appliquées, on ne se trouverait peut-être pas dans l'impossibilité d'assurer sur certains points l'exécution intégrale de la loi sur les tribunaux pour enfants.

Quoi qu'il en soit, il faudra l'appliquer et l'appliquer de bonne foi, je le répète. Il faudra que l'on se décide, à Paris et dans quelques grandes villes à mettre à la disposition du Tribunal pour enfants les locaux nécessaires ; il faudra aussi que le Parlement vote les crédits obligatoires pour la nomination des magistrats indispensables. Et puisque le vent souffle aux économies, il ne sera pas difficile de trouver quelques sinécures à supprimer dans l'administration française pour retrouver la somme minime demandée. La loi de 1850, lorsqu'elle a été votée, prévoyait, elle aussi des établissements qui n'ont existé que par la suite, et elle a cependant produit pendant plus de cinquante ans les meilleurs résultats. Espérons que, grâce à la bonne volonté de tous, magistrats, avocats, administrations, œuvres privées, la nouvelle loi permettra de faire une grande et belle œuvre de protection et de relèvement de l'enfance traduite en justice.

J'ai fini, Messieurs  J'ai peut-être été un peu long et je m'en excuse ; mais je tenais à mettre sous vos yeux toutes les pièces du procès. Je me suis placé vous le voyez, à un point de vue exclusivement pratique. J'ai examiné la loi — sans doute en en signalant les imperfections — mais avec le désir sincère d'arriver à un résultat pour son application loyale. Je tenais à dire, en terminant ce mot personnel, je vous en demande pardon ; mais il était nécessaire qu'il fût prononcé, car j'ai été accusé — à tort vous le reconnaîtrez j'espère — d'être un adversaire de toute réforme, de la loi en particulier et d'être, on l'a dit, « un entrepreneur de démolitions ». Vous ne me ferez pas l'injure de le croire. Signaler les difficultés d'une entreprise est quelquefois plus utile à sa réussite que de la louer sans réserve dans des discours plus ou moins brillants.

Quoi qu'il en soit, le principal intérêt de cette discussion résidera, non point dans les quelques observations que je

viens de présenter devant vous, mais, très certainement,
dans ce qui sera dit par vous, Messieurs. Je suis venu surtout
pour apprendre. Je ne doute point que vous ne résolviez la
plupart des difficultés pour la plus grande instruction de
votre rapporteur.

# AVIS

DE

**M. Émile GARÇON**
*Professeur à la Faculté de Droit* (1).

Je n'ai rien à ajouter au si remarquable rapport que vous venez d'entendre, et qui résume si heureusement tout ce que nous avons fait, en France, depuis un siècle, pour résoudre le douloureux problème de la criminalité de l'enfance. Je ne voudrais dire qu'un mot sur un point particulier, mais fort important et dont M. Prévost vous a montré toute la difficulté : je veux parler du lieu où sera détenu le mineur pendant le temps de l'instruction.

Pour les mineurs de 13 à 18 ans, je ne suis pas inquiet. La loi permet de les confier à des particuliers et à des établissements de bienfaisance, et je tiens à exprimer ici que cette solution, qui n'est pas d'ailleurs une innovation de la loi nouvelle, me semble excellente. Certes ! lorsqu'il existe des établissements privés pouvant assumer la tâche de retenir l'enfant, assez sûrs pour qu'il ne s'évade pas, assez proches du tribunal pour que le magistrat n'éprouve aucune difficulté pour mander le jeune inculpé à son cabinet, il sera excellent d'user de cette faculté. On évitera ainsi à un adolescent, qui n'est pas encore complètement corrompu, et qui sera peut-être acquitté quelques jours après parce qu'il aura agi sans discernement, le contact de la prison. On ne saurait trop s'en louer. Mais je suis rassuré parce que je sais aussi, que si de tels établissements manquent, que si le crime est très grave, que s'il s'agit d'un jeune apache dangereux, le juge d'instruction conserve le droit de rendre contre lui un mandat de

---

(1) Les observations de M. le professeur Garçon, ici reproduites avec son autorisation, ont été présentées par lui dans la discussion qui s'est ouverte, après le rapport de M. Prevost, dans l'Assemblée générale de l'Union des Sociétés de patronage de France (Voir *Bulletin de l'Union*, 1914, p. 220).

dépôt, et de le faire écrouer dans une maison d'arrêt. Pour dire toute ma pensée, je ne serais pas très surpris si demain comme aujourd'hui, le juge était souvent forcé de prendre ce second parti.

Mais pour l'enfant au-dessous de 13 ans, au moins s'il est prévenu d'un simple délit correctionnel, — un vol simple, un délit de vagabondage ou de mendicité, un délit de douanes, — la loi est formelle, il ne doit plus être mis en prison préventive. On vient de vous montrer combien cette prescription sera souvent difficile à exécuter ou plutôt comment il sera impossible de l'exécuter. Or, il me sera bien permis de dire que ce résultat je l'avais prévu et que le législateur en avait été averti. Dans une note remise à l'un des auteurs de la loi sur les tribunaux pour enfants j'avais dit :

« On pourrait supprimer les mots s'*il y a prévention de crime* et permettre ainsi au juge d'instruction de déposer l'enfant en prison, même s'il s'agit d'un simple délit.

« Ce n'est pas que je ne sache tous les inconvénients de placer un très jeune enfant dans un établissement pénitentiaire, et plus que personne je désirerais que le juge d'instruction ne fît jamais usage de cette faculté. Mais il faut songer aux difficultés pratiques. La loi est faite pour toute la France, et pas seulement pour les grandes villes où il existe des établissements d'assistance nombreux et bien organisés. Dans certains chefs-lieux d'arrondissement, on trouvera difficilement des particuliers qui consentiront à se charger de l'enfant pendant tout le temps de l'instruction. D'un autre côté pourra-t-on toujours, dans ces petites villes, placer l'enfant dans un hôpital, ou dans un hospice ? Je ne suis pas sûr qu'il en existe partout (1), et, dans tous les cas, ces éta-

(1) Même à Paris, quel pourrait être à ce point de vue le concours de l'Assistance publique ? La question s'est présentée devant la *Société internationale pour l'étude des questions d'assistance,* où M. Barbizet, inspecteur principal de l'Assistance publique et chef du service des Enfants assistés, a exposé qu'il n'y avait à cette heure, et encore pour partie seulement, qu'*un service de douze lits.* « Ce n'est qu'avec peine, a-t-il dit, que l'administration « recueille des jeunes délinquants aux Enfants assistés, dans un service « réservé également aux enfants dont les parents sont à l'hôpital. C'est d'ailleurs un petit service de 12 lits, asile temporaire qui aurait besoin d'améliorations » (*Rev. philanthropique,* fév. 1914, p. 454). Or, M. le ministre de la Justice estime qu'à Paris seulement, « la chambre spéciale va juger environ 4 à 5.000 affaires par an » (*J. off.* 21 fév. 1914, p. 198, col. 2). Et, dans ce chiffre, il y aura une proportion importante de mineurs de 13 ans, c'est-à-

blissements hospitaliers peuvent refuser de recevoir le mineur sous les prétextes les plus divers. Il paraît impossible de les y contraindre. Il me paraît donc prudent de permettre au juge de faire détenir l'enfant à la prison afin qu'il ait, dans tous les cas et en toute hypothèse, un lieu où il pourra s'assurer de la personne du mineur.

« J'ajoute que la prison est un lieu plus sûr que l'hôpital ou un hospice, qui ne sont point organisés pour détenir ceux qui y viennent chercher des soins. Supposez par exemple un petit vagabond. Il a été une première fois déposé à l'hospice, mais il a pris la fuite (1). Conviendra-t-il de le laisser dans cet établissement hospitalier et ne serait-il pas prudent de le détenir dans un lieu plus sûr et d'où l'on ne se sauve pas si facilement » ?

Quelques-unes des corrections que j'avais proposées au projet de loi voté par le Sénat ont été admises. Mais celle ci ne l'a point été. C'est donc bien volontairement que le législateur a donné la solution contenue dans l'article 3, *in fine*.

Seulement les inconvénients pratiques que j'avais prévus se présenteront. M. Prévost vient de vous les signaler. Comment pourra-t on se tirer de la difficulté ? Je devine peut-être ! on confiera l'enfant à la femme du gardien chef, prise en tant que personne privée !

M. GRIMANELLI. — Mais parfaitement, et cela a été envisagé.

M. GARÇON. — Vous voyez bien ! j'avais deviné. Mais alors que signifie une pareille loi puisque malgré tout l'enfant ira dans la prison ?

dire de jeunes enfants particulièrement susceptibles de réformation, à cause de leur âge même (V. l'Avis de M. Marin, p. 85).

(1) Comme F. G... cité par M. Bouvier, ou comme M. C... cité par M. Marois, dans leurs Avis ci-après.

# AVIS

DE

## M. Fernand MARIN

*Conseiller honoraire à la Cour d'appel de Bordeaux,*
*Secrétaire général de l'Œuvre des Enfants abandonnés de la Gironde.*

---

L'exécution de loi de 1912 nous paraît soulever quatre difficultés principales.

1° *Détention préventive*. — Où placera-t-on les mineurs de 13 ans amenés au parquet, en attendant la décision provisoire du juge d'instruction? Il sera, à mon avis, assez facile de trouver, aussi bien dans les grandes villes comme Bordeaux que dans les sous-préfectures, un local pour les tenir : établissement hospitalier, hôpital, orphelinat, refuge. Il suffira d'une pièce isolée et d'une surveillance facile. En tous cas, il ne s'agit ici que d'une question d'argent. Il appartient en effet à l'État d'assurer ce local et le gardien.

2° *Enquêteurs*. — En pratique, sauf dans la Seine peut-être, le juge usera très peu de ce mode supplémentaire d'instruction. Les commissaires de police lui fourniront parfaitement tous les renseignements, sans qu'il ait besoin de recourir à ces auxiliaires d'occasion qu'on recrutera d'ailleurs sans difficulté parmi les avocats, anciens magistrats ou greffiers.

3° *Liberté surveillée*. — Laissons de côté la surveillance, prévue dans la loi, d'un enfant — mineur de 13 ans ou mineur plus âgé — placé dans un établissement de réforme. Jamais un établissement, déjà surveillé par l'Etat, ne permettra que des particuliers viennent exercer leur contrôle personnel et donner leurs directions particulières. D'ailleurs, étant libre d accepter ou de refuser un mineur, l'établissement aura un moyen bien simple d'écarter cette surveillance, ce sera de ne point accepter celui qu'on voudrait lui confier sous cette condition qui n'est que facultative.

En ce qui concerne les enfants remis à leur famille ou à des particuliers, je reconnais qu'on aura quelque peine à trouver des délégués de bonne volonté et persévérants Je crois cependant qu'on parviendra à les recruter en nombre suffisant parmi les membres des Comités de défense des enfants traduits en justice, des Patronages de libérés, des dames patronesses d'orphelinats. Il faut d'ailleurs observer que, sauf dans certaines villes industrielles, comme Limoges, le nombre des mineurs arrêtés est très restreint. A Bordeaux même, il est fort limité. Et, si l'on tient compte qu'une partie sera acquittée purement et simplement, une autre envoyée en correction, une troisième placée dans des établissements de réforme, une quatrième remise à l'Assistance publique, la cinquième partie, pour la liberté surveillée, sera en petit nombre.

Les tribunaux ne devront jamais remettre les enfants aux parents lorsque ceux-ci ont une mauvaise conduite et habitent dans des quartiers mal famés. D'abord, il serait peu agréable aux délégués et déléguées d'aller dans ces quartiers, et, de plus, tous leurs avis, conseils et remontrances se briseraient contre les exemples et les fréquentations du milieu.

4. *Institutions charitables.* — Je commence par énoncer trois vérités indiscutables : *a)* Il existe en France très peu d'établissements ou d'institutions charitables pour l'éducation des mineurs difficiles. Des régions entières n'en possèdent pas. La preuve en est que le service des enfants assistés de l'Indre, du Calvados, voire même de la Corse, nous ont demandé de prendre à Bordeaux leurs pupilles indésirables. — *b)* Il n'est pas question d'en créer. La loi de 1904 qui prescrit aux départements d'en fonder est presque restée lettre morte. C'est que ces établissements coûtent fort cher. Ceux qui existent ont toutes les peines du monde à joindre les deux bouts. Ils sont en effet accablés d'impôts, loin d'être protégés par l'État, comme ils devraient l'être (1). A notre

---

(1) Le 17 janvier 1914, à l'Académie des Sciences morales et politiques, M. Hébrard de Villeneuve, président de section au Conseil d'État, a donné lecture d'un rapport sur le régime *légal* et *fiscal* des associations de bienfaisance. Dans cette étude, qui doit être présentée au Congrès qui se tiendra à Montpellier au mois de juin prochain, l'auteur demande que ces associations soient soumises à un régime plus libéral que celui qui les régit actuellement (Cf. Geouffre de Lapradelle, *les Fondations perpétuelles*). M. d'Haussonville a appuyé ces conclusions, en constatant que, notamment dans le canton de Vaud, les associations de bienfaisance sont exemptes de tous droits. Et, sur

colonie de Gensac, dont les métairies et le domaine rapportent à peine 6.000 francs, nous payons près de 3.000 francs
de contributions. Et on parle encore d'imposer à ces établissements l'obligation du pécule ! Nous ne recevons d'ailleurs
que des subventions insignifiantes. La ville de Bordeaux et
le département de la Gironde entretiennent (?) chez nous des
boursiers à raison de 200 francs par an. Ils nous coûtent plus
du triple ! — c) Les institutions charitables ne pourront pas
recevoir tous les mineurs que les tribunaux pour enfants ne
voudront pas rendre à leur famille ou envoyer en correction,
et spécialement ils ne pourront pas prendre ceux de 16 à 18
ans qui ont déjà abusé de la vie, qui ont fait la noce, et qui
sont indisciplinables, ou presque. Sans doute, il serait désirable qu'en nombre suffisant les institutions charitables
fussent outillées pour agrandir leur action. Mais, pour cela,
il leur faudrait un aménagement spécial, qui ne serait
possible qu'avec un efficace concours de l'État. Il leur faudrait aussi des moyens de répression qu'elles n'ont pas. Dans
les conditions actuelles, elles ne sont pas en état, pour la plupart, de rendre ce grand service. Certaines institutions,
comme l'Union française pour le sauvetage de l'enfance,
qui a de grandes ressources, n'ont pas même d'établissements.

Or, tout d'abord, une question de droit va se poser. Si la
loi de 1912 dit expressément que les mineurs au-dessous de
13 ans peuvent être confiés à l'Assistance publique, elle est
muette en ce qui touche les mineurs au-dessus de 13 ans.
Est-ce intentionnellement ? Est-ce par oubli ? Pour les institutions charitables, l'intérêt est celui-ci : en certains cas
elles préfèrent recevoir de l'Assistance publique les enfants
plutôt que directement des tribunaux ; en effet, l'Assistance
publique, à qui la justice confie un mineur de 15 à 16 ans,
peut d'abord essayer le placement familial, et, si ce placement ne réussit pas, le mettre dans un établissement privé ;
si ce mineur y est aussi réfractaire et s'y montre indisciplinable, elle le reprend, et elle peut alors le faire passer à
l'administration pénitentiaire (1), ressource que n'a pas
l'œuvre privée, à qui le tribunal a donné la garde d'un mauvais sujet et qui doit le conserver, malgré le trouble qu'il

sa proposition, l'Académie des Sciences morales et politiques a décidé de
mettre cette question à l'ordre du jour d'une de ses prochaines séances.

(1) Cf., dans l'Appendice I, l'Avis de M. J. Bouvier.

apporte dans la maison, et attendre qu'il ait commis quelque délit (1).

Quoi qu'il en soit à ce point de vue, l'application de la loi rencontrera des difficultés pour le placement définitif. Sauf dans certaines régions où il existe des établissements de rééducation soit à la fois pour les garçons et les filles, soit seulement pour les garçons ou pour les filles, les tribunaux n'auront à leur disposition que 2 ou 3 des solutions prévues par la loi : deux sûrement : 1º la liberté surveillée, d'une efficacité bien douteuse, surtout pour les enfants d'un certain âge ; 2º la maison de correction, seulement pour les enfants au-dessus de 13 ans ; la troisième, qui est plus incertaine, est la remise à l'Assistance publique des mineurs de plus de 13 ans.

Malgré la disette d'établissements privés et le peu d'encouragements qu'ils recoivent, malgré les difficultés que l'application de la loi nouvelle présentera, je crois qu'on doit la tenter, en cherchant à s'en tirer pour le mieux, sauf à voir, par la pratique même, les modifications qui s'imposeront plus tard. Renvoyer à une autre date l'application de cette loi, ce serait son enterrement. Or, si elle présente des côtés faibles, elle offre aussi des avantages et réalise de réels progrès.

Ces observations faites, il me reste quelques mots à dire sur les placements provisoires et définitifs, qui se présentent dans des conditions différentes, et sur l'éducation des enfants.

— *Placements définitifs*. — En principe, les colonies de notre œuvre girondine (pour garçons) pourront recevoir à titre définitif des mineurs de 13 ans et des enfants de 13 à 14 ou 15 ans. Pour les premiers, il y aura pourtant deux difficultés. La première résulte de l'article 10, qui autorise les parents à former, *devant le tribunal qui a pris la décision de placement*, des demandes de libération anticipée, renouvelables tous les ans, en première instance et en appel. Ai-je besoin de signaler ici au passage la question de savoir qui, pour l'enfant, et qui, pour le surveillant, paiera les frais de

_________

(1) A ce sujet, M. G. Vidal, dans son *Cours de Droit criminel*, 2ª éd., p. 202, s'exprime ainsi : « Les articles 4 et 5 de la loi du 19 avril 1898, votés à la hâte, présentent des lacunes et des défauts regrettables : 1º .....; 2º Ils ne parlent pas du droit de correction sans lequel le droit de garde peut devenir illusoire; ces deux droits doivent être pratiquement inséparables, car, sans le droit de correction, les protecteurs du mineur n'ont aucun moyen de réprimer ses écarts. » Cf. pour notre loi, l'article 15 du Règlement.

voyage pour aller au siège du Tribunal et au siège de la Cour, les frais de séjour, les frais de voyage au retour. Il faudra évidemment que la Chancellerie indique la solution. En dehors de cette question, qui n'est qu'une question d'argent, il y a, ici encore, un autre point sur lequel il convient d'appeler l'attention. En effet, l'attente de ces échéances annuelles pour chacun des enfants recueillis, les voyages dont elles seront nécessairement l'occasion et qui pourront être très longs, les énerveront à l'avance ; et plus encore les énervera, quand il se produira, l'échec de ces demandes qui sera naturellement attribué à l'établissement lui-même, où l'enfant reviendra avec des dispositions irritées et hostiles. Tout cela, quel que soit l'établissement, y provoquera des poussées d'indiscipline et de désordre qui pourront s'étendre — plus ou moins, selon les cas — à l'entière population de ses pensionnaires. Contre ce péril, il y aura pour les œuvres un certain remède : elles pourront se faire déléguer par les parents, quand ceux-ci seront connus et y consentiront, les droits de puissance paternelle, en conformité de la loi de 1889. La seconde difficulté résulte de l'article 11 qui, sans aucune condition, donne à l'enfant lui-même le droit de former en première instance et en appel et de renouveler tous les ans des demandes en modification de son placement. Par suite, mêmes questions au sujet des dépenses. Il me paraît à première vue que les frais devront être supportés par les parents lorsque ce sont eux qui agissent ; par l'Etat, lorsque la demande émane du Ministère public, ou de l'enfant (art 11). Mêmes inconvénients aussi pour le fonctionnement matériel et moral des établissements. Imagine-t-on la situation d'un établissement ayant un certain nombre d'enfants si chacun d'eux, par ses parents (art 10) ou par lui-même (art. 11), a le droit d'exiger qu'on lui fasse faire quatre voyages par an ? Ces inconvénients, exclusifs de toute discipline, empêcheront bien des œuvres privées d'accepter des mineurs de 13 ans. Et ce sera vraiment dommage, car ils sont à l'âge où le redressement peut le mieux s'opérer (1).

(1) Pour ces mêmes voyages, par qui seront accompagnés les enfants placés chez des particuliers, soit directement par justice, soit indirectement et par l'intermédiaire de l'Assistance publique ?

Et qu'arrivera-t-il si, pour ces voyages, des particuliers ou des établissements déclarent qu'il leur est impossible d'accompagner ou de faire accompagner les enfants qui leur auront été remis ?

— *Placements provisoires*. — Ces placements seront plus difficiles. En ce qui touche notre œuvre, elle ne pourra les accepter. D'une part, nos colonies et nos placements familiaux sont assez éloignés de Bordeaux, où il faudrait mener chacun des enfants au cours de l'instruction, ce qui serait un gros dérangement pour le personnel et aussi une cause de dépenses assez élevées : nous sommes bien obligés de compter avec la dépense! D'autre part, ces enfants de passage seraient une permanente cause de trouble dans la colonie, qui, en raison de leur départ prochain, ne pourrait les encadrer ni rien faire en si peu de temps pour leur redressement et leur éducation.

— *Projet de loi sur le pécule*. — Je ne suppose pas que, dans le projet de loi sur le pécule, la disposition relative au trousseau et au minimum de ce trousseau, *quelle que soit la durée du séjour*, puisse s'appliquer au mineur placé provisoirement dans un établissement privé par le procureur de la République ou par le juge d'instruction. Encore serait-il utile que le texte s'en expliquât nettement.

— *Éducation*. — Le but de la loi est la rééducation des enfants dont elle s'occupe, c'est-à-dire leur reclassement dans la vie laborieuse. Sur la question d'éducation, je ne répéterai pas ici les observations que j'ai faites maintes fois dans des rapports en divers congrès (1).

---

(1) Récemment, *la Revue* (du 1 janvier 1914) posait cette question : « *Comment combattre la criminalité ?* » Parmi les réponses recueillies et publiées, plusieurs ont insisté sur la question capitale de l'éducation morale.

M. ALFRED CAPUS : — A l'origine et avant le crime, quand l'instinct ne s'est pas encore tout à fait éveillé, *l'éducation morale* a une influence, peut avoir une influence décisive.

M. JOSEPH CHAUMIÉ : — L'imprégnation des âmes par *une forte éducation morale* qui donne l'horreur du crime et le prévient, c'est le but surtout que la société doit poursuivre, auquel elle doit s'attacher.

M. JULES CLARETIE : — Oui, certes, *l'éducation morale* devrait être considérablement renforcée.

M. JEAN CRUPPI : — Tout enfant étant, avec plus ou moins d'aptitudes et de titre héréditaires, candidat au délit, il appartient aux forces éducatives, à *l'éducation morale*, à l'éducation professionnelle, à l'éducation physique, de se liguer et de se concerter pour faire échouer cette candidature et, dans ce but, développer dans le sujet les goûts, les habitudes directement contraires à l'acte antisocial.

M. ALFRED MÉZIÈRES : — La jeunesse serait mieux armée contre la tentation si elle recevait partout une *forte éducation morale*.

M. MARCEL PRÉVOST : — Je crois à l'influence de *l'éducation* pour réformer

Dan s les établissements de réforme bien tenus, les enfants, en dehors des leçons de morale et de religion, données par les maîtres et les ministres du culte, sont soumis à une règle, à une discipline. S'il y a, d'un coté, des punitions que necessite le souci même de leur redressement, il y a, d'autre part, les jeux, les excursions, les distractions, les grades, *es récompenses*. Et l'une des raisons principales à opposer au pécule obligatoire, c'est précisément qu'il importe de ne pas traiter de la même manière l'enfant qui fait des efforts pour s'amender et celui qui s'obstine en ses mauvaises dispositions. Les enfants reçoivent au fur et à mesure les avis, les remontrances et les conseils des directeurs et administrateurs, et surtout ils sont entourés de leur affection, qui est la grande base de la rééducation de ces petits malheureux. Quand ils sont pris à temps, peu résistent à la bonté, qui amène leur confiance.

Pour l'enfance devoyée, les placement familiaux ne conviennent qu'aux tout jeunes enfants, non contaminés. L'éducation qu'ils reçoivent chez les paysans est toute relative ; elle peut suffire cependant si les gardiens sont honnêtes et d'un bon milieu. Mais, parmi même les très jeunes enfants, il en est auxquels la maison de réforme est indispensable. Tel est, par exemple, ce pupille de 10 ans que l'Assistance publique vient de nous confier et dont je copie la notice : « Menteur, voleur et souvent très méchant, ne peut rester dans aucun placement ; renvoyé de l'école où il mettait le désordre et jetait des pierres à l'instituteur : intraitable, criant, hurlant, a frappé brutalement sa nourrice et a blessé un enfant.... »

Avant donc de prendre une décision, en faisant un choix parmi les solutions que la loi leur ouvre pour mineurs de 13 ans, et tout spécialement avant de décider pour tel ou tel de ces mineurs un des modes du placement familial, en les remettant soit à l'Assistance publique (1), soit à des particuliers, soit à des œuvres de protection de l'enfance n'ayant

les caractères, et, parmi les principes essentiels de *l'éducation*, j'inscris le développement chez l'enfant du « sens de la sanction », de la conviction que « tout se paye ».

M. Alexandre Ribot : — La société doit chercher ses garanties dans *une plus forte éducation* à donner aux jeunes générations.

(1) M. le Dr. Mouret, inspecteur départemental du Rhône, a maintes fois insisté sur ce point.

pas de maison de rééducation, il importera au plus haut point que les tribunaux pour enfants tiennent non seulement grand compte de l'âge de chacun, mais qu'ils se renseignent, aussi et surtout très exactement sur son passé, ses tendances et le milieu où il a vécu.

# AVIS

DE

## M. Amédé **MOURRAL**
*Conseiller à la Cour d'appel de Rouen.*

En 1909, M. le député Clémentel, rapporteur du budget du ministère du Commerce, après avoir constaté que de 1906 à 1907, pour le seul ressort de Paris, les poursuites contre les mineurs de 16 à 18 ans étaient passées de 1.174 à 2.273, présentant ainsi une augmentation de près de 100 0/0, ajoutait : « *Où allons-nous si on n'endigue pas ce flot empoisonné?* »

En poussant ce cri d'alarme, l'honorable député n'entendait pas signaler une découverte, mais simplement attirer l'attention sur un phénomène que faisaient ressortir depuis longtemps déjà nos rapports annuels sur la statistique criminelle et qui était l'objet des préoccupations de tous les criminalistes et sociologues.

Ce n'était pas seulement d'ailleurs une augmentation constante de la criminalité juvénile que l'on pouvait constater, mais encore un abaissement progressif de l'âge moyen des criminels, qui se trouve actuellement placé entre 18 et 20 ans, les jeunes gens de cette catégorie donnant par rapport à la population de cet âge une proportion de 18 0/0 de criminels, alors qu'elle n'est que 10 0/0 pour les adultes (1).

En même temps que s'abaissait l'âge des criminels, on voyait également se développer chez eux l'esprit d'association et se créer, ainsi que l'a fait observer M. le sénateur Ferdinand-Dreyfus, dans son rapport sur le projet qui devait devenir la loi du 22 juillet 1912, « ces bandes qui se composent le plus souvent de malfaiteurs précoces, d'adolescents vivant du produit du vol et de la prostitution d'autrui, ayant leurs coutumes, leur code, leurs exécuteurs, vidant leurs

(1) V. rapport sur la statistique criminelle pour 1909.

querelles par le sang, sorte de Maffia organisée pour le crime, en marge de la société régulière ».

Telle était la situation, qui à vrai dire n'est pas spéciale à la France, lorsque fut promulguée la loi du 22 juillet 1912 organisant chez nous l'institution, en usage déja chez nos voisins, des *Tribunaux pour enfants*.

Cette loi produira-t-elle tous les résultats que l'on attendait d'elle ? Il faut l'espérer ; l'essai mérite au moins d'être loyalement tenté. Toutefois, et tout en rendant hommage aux idées généreuses de ceux qui en ont été les promoteurs, il faut bien reconnaître qu'elle soulève de nombreuses difficultés qui, pour la province du moins, sont de nature à entraver singulièrement son application.

Tout d'abord, si l'on ne peut qu'approuver la distinction qu'a faite le législateur suivant que les mineurs ont moins ou plus de 13 ans, on se demande pourquoi il a institué pour chacune de ces catégories une juridiction distincte. Il arrivera ainsi que, dans les tribunaux à plusieurs chambres, c'est-à-dire dans ceux des grandes villes où le nombre des délinquants mineurs sera le plus considérable, la chambre du conseil (1) et le tribunal d'enfants seront composés de magistrats différents, qui, pour la première, en raison des nécessités du roulement, se trouveront changés chaque année. Or, la chambre du conseil, par ses attributions mêmes, qui comportent notamment la modification de ses décisions antérieures, exigeait plus que toute autre, en la personne des magistrats qui la composent, des connaissances spéciales, une expérience particulière et de la continuité dans sa jurisprudence. Il aurait été plus simple, en créant dans chaque compagnie judiciaire un tribunal d'enfants, de donner à cet organisme nouveau la plénitude de juridiction. Il aurait statué, tantôt au civil comme chambre du conseil, tantôt au correctionnel comme tribunal spécial ; il aurait été également chargé de procéder, pour les mineurs de 13 ans, à l'instruction préparatoire. On aurait ainsi évité ce procédé un peu déconcertant de confler à un juge d'instruction (magistrat criminel) le soin de suivre une information qui ne peut aboutir qu'à un renvoi devant la juridiction civile.

(1) La « *Chambre du Conseil* » est dans un tribunal un organisme déterminé, ayant ses attributions propres et sa procédure spéciale. C'est ainsi et devant cette « *Chambre du Conseil* » qu'ont été amenés ou appelés en vertu de la loi du 11 avril 1908 quelques mineurs, garçons ou filles, auxquels cette loi pouvait s'appliquer.

On peut regretter également que la loi ait compliqué inutilement la procédure en exigeant (art. 7) des notifications dont l'utilité n'apparaît pas lorsqu'elles sont faites aux personnes qui étaient présentes à l'audience, et d'autant moins qu'en ce cas ces formalités n'ont (art. 8, § 4) aucune influence sur le délai d'appel.

Il est enfin fâcheux que le législateur n'ait pas cru, lorsqu'il a déterminé les voies de recours contre les décisions de la chambre du conseil, parler de l'opposition. Les cas où le mineur fera défaut seront sans doute fort rares ; ils peuvent cependant se produire et il eût été prudent de les prévoir. C'est une lacune qui, le cas échéant, pourra, dans les premiers temps surtout, être fort embarrassante.

Ce ne sont là toutefois que des questions de détail que la pratique pourra, en partie du moins, régler et qui en tout cas pourront faire l'objet de modifications législatives.

Mais il est une autre question, qui ne paraît pas avoir encore été soulevée et qui semble être de nature à entraver gravement l'exécution de la loi nouvelle. Je veux parler des placements définitifs des mineurs de treize ans.

Sous le régime du code pénal, le tribunal, lorsqu'il déclarait le non-discernement et ne rendait pas l'enfant à sa famille, pouvait le confier soit à l'administration pénitentiaire (art. 66) soit à l'Assistance publique (loi de 1898). Mais, sa décision rendue, il n'avait pas à se préoccuper de ce que devenait le mineur et de la façon dont, en fait, le placement était effectué. Ce soin regardait les administrations auxquelles les enfants étaient remis.

La loi de 1912 ayant écarté l'administration pénitentiaire, la Chambre du Conseil n'a plus à choisir que parmi les solutions suivantes : 1° remise aux parents, 2° remise à une institution charitable, 3° remise à l'Assistance publique. Et encore semble-t-il résulter des travaux préparatoires que, même pour le placement définitif des mineurs de 13 ans, le recours à l'Assistance publique doit être tout à fait exceptionnel et que les tribunaux ne devront s'y décider qu'*à défaut* d'une autre solution possible.

Il n'y aura pas de difficultés dans les villes qui auront dans leur enceinte ou dans leurs environs un établissement de ce genre pour les garçons et un pour les filles; établissements dès lors connus de tous et dont la désignation dans le jugement sera facile. Mais il faut bien reconnaître qu'en province ces conditions se réaliseront rarement. Les magistrats seront donc obligés de désigner des établissements privés, non pas voisins et connus, mais éloignés, et par exemple, pour les garçons, celui de Frasne-le-Château, où, présentement certains Comités de défense, ceux du Havre et de Nice notamment, envoient les très jeunes enfants dont ils acceptent la charge. Mais alors comment les magistrats connaîtront-ils les établissements susceptibles d'être par eux désignés nominativement? Il faudrait qu'ils eussent à leur disposition une liste des établissements de cette catégorie. Et encore cela ne serait-il pas insuffisant? Il ne suffit pas en effet, pour prendre suivant le vœu de la loi une décision raisonnée, de connaître l'existence des établissements; il faut encore être renseigné sur le fonctionnement de chacun d'eux.

Supposons pourtant un placement ordonné. Une nouvelle difficulté se présente, d'ordre budgétaire cette fois. Par qui ce placement, qui pourra être très éloigné, sera-t-il effectué? Qui avancera les fonds nécessaires à cet effet? L'art. 12 du règlement dit bien que le procureur général prendra les mesures nécessaires pour la remise de l'enfant; mais il a omis d'indiquer en quoi elles consisteront et de lui fournir les moyens de les faire exécuter.

La solution de ces divers problèmes n'est sans doute pas absolument impossible. Elle pourrait se réaliser par une collaboration active avec le Bureau de *l'Union des Sociétés de patronage* ou avec l'*Office central des œuvres de bienfaisance*, et avec *les Comités de défense*. Mais, en tous cas, il faudra des crédits.

Devant ces difficultés de la désignation directe de l'établissement, il est donc à craindre que les tribunaux ne soient conduits à confier comme précédemment la grande majorité des mineurs amenés devant eux à l'Assistance publique qui n'est pas en état de les conserver elle-même, mais qui sera mieux en mesure de les placer.

Ainsi encore seront écartées les difficultés financières qui ont été signalées ci-dessus; c'est l'Assistance publique qui avisera.

Mais, alors, on retombera, au préjudice du service des enfants assistés, dans les difficultés que présentait déjà l'application de la loi de 1898. Et ces difficultés seront encore aggravées par ce fait que, ne pouvant plus désormais recourir pour les enfants de 13 ans à l'administation pénitentiaire, même pour ceux qui apparaîtront les plus pervertis, surtout parmi les filles, les tribunaux n'auront pour ces enfants-là, que la seule ressource d'une remise à l'Assistance publique (1).

Naturellement, il reste encore de nombreuses questions à traiter.

Notamment la question des obligations imposées par l'art. 13 du règlement du 31 août 1913. On pourra sans doute obtenir des institutions charitables, et peut-être aussi de l'Assistance publique (sauf, pour cette dernière, la difficulté résultant du secret du placement) les rapports trimestriels qu'il prévoit. Mais en sera-t-il de même des particuliers chez lesquels des mineurs auront été placés directement? L'Assistance publique, qui pratique si largement le placement familial, n'a pas pu imposer aux patrons cette obligation de rapports périodiques, qui lui seraient pourtant d'un grand secours, s'ils étaient pratiquement possibles.

A la vérité, pour exercer un contrôle sur les particuliers à qui des enfants seront confiés et sur les parents à qui ils seront rendus, la loi a institué des « délégués », qui auront une fonction semblable à celle que les inspecteurs départementaux remplissent, à peu près une fois par an, vis à-vis des enfants de l'Assistance publique. C'est là même que serait, d'après certains, l'innovation principale de la loi et la plus sûre. Sans doute, il pourra y avoir des délégués de bonne volonté, hommes ou femmes. Mais, si la loi est appliquée comme il a été dans le souhait du Parlement qu'elle le fût, les délégués de bonne volonté, vraiment capables de cette charge, seront-ils assez nombreux et assez persévérants ? Ne sera-t-il pas nécessaire de recourir à des délégués en quelque sorte professionnels et rémunérés ? Et revient ici la question d'argent. L'art. 21 du règlement prévoit une indemnité pour frais de transport. (V. J. Dumas, *Trib. pour enfants.*)

En définitive, je ne puis qu'approuver dans ses lignes générales la loi du 22 juillet 1912, qui, je l'espère, pourra en une certaine mesure arrêter le flot de la criminalité juvénile. Il est toujours facile de critiquer. Je me borne à appeler l'atten-

---

(1) Il est clair que ces difficultés se réduiront beaucoup si, pour n'avoir pas à s'en occuper, on continue dans les commissariats à renvoyer purement et simplement, après une admonestation, les enfants déliquants et arrêtés. En ce cas, l'intervention de la chambre du conseil sera assez rare pour ces mineurs de 13 ans Mais le but de la loi nouvelle était précisément de mettre fin à cette pratique et de venir au secours de jeunes enfants qui, à cause de leur âge, sont pour la plupart susceptibles de relèvement. — (V. *supra* p. 37 et 38.)

tion sur des lacunes réparables, sur des difficultés d'application non insolubles et sur certaines mesures réglementaires qui me paraissent nécessaires pour permettre à la loi d'atteindre son but et pour empêcher qu'elle ne devienne lettre morte.

# APPENDICE I

## L'Assistance publique
## et son Service des Enfants assistés.

Sur le service des Enfants assistés, M. l'inspecteur général
Rondel a publié une étude très intéressante dans « *l'Assistance
éducative* » d'août 1913.

Ce service comprend **cent cinquante mille enfants !**
Exactement 155.546, au 31 décembre 1910. Le plus grand
nombre (environ **112.000**) sont des *abandonnés*.

C'est une organisation toute française, « unique au monde ».

L'esprit tendu sur la tâche qu'ils se sont donnée, et ne
pensant qu'à elle et à ses difficultés, les philanthropes qui
s'occupent des enfants traduits en justice ne pensent guère
à ce service considérable; cela est humain, et cela se comprend. Mais on comprend aussi que le Directeur de l'Assistance publique et, avec lui, tous les inspecteurs départementaux multiplient leurs efforts pour défendre cette organisation, à la fois vaste et fragile, et pour la protéger contre
l'intrusion d'éléments capables de la compromettre et de la
ruiner.

Quel malheur ce serait !

— M. le D^r Thulié a dès longtemps posé le principe que le
placement familial ne convient aucunement au redressement
des enfants dévoyés (*Le dressage des jeunes dégénérés*, p. 367).

« Pour le plus grand nombre des filles, dit-il, comme pour
les garçons, l'établissement d'écoles de redressement men-
tal est absolument indispensable ».

MM. Derouin, Gory et Worms, dans leur *Traité d'assistance
publique* (t. II, p. 31), ont exprimé la même idée : « Les services d'enfants assistés sont peu en état d'assumer la responsabilité de la garde d'enfants coupables. Il est évident
qu'à l'égard de ces enfants, la simple assistance est insuffi-
sante, et, d'autre part, qu'il serait dangereux soit de mélan-
ger ces enfants vicieux avec les autres enfants, soit de les
confier à des particuliers. »

*<br>* *

La loi de 1889, relative aux *enfants moralement aban-donnés*, souleva les premières émotions. M. Brueyre, qui en avait été l'initiateur, a par la suite maintes fois répété combien il importait d'en mesurer les conséquences.

Le danger fut signalé *dès le debut* par le Directeur de l'Assistance publique de Paris, dans son rapport au préfet de la Seine sur le service des moralement abandonnés pendant l'exercice 1889. — « Il ne faut pas perdre de vue, disait-il, que nous devons avoir la précaution constante des 30.000 enfants assistés placés sous la tutelle administrative et pour lesquels nous nous verrions fermer rapidement les meilleurs placements familiaux si nous laissions jeter le désordre dans un pays par quelques mauvais sujets des moralement aban-donnés ».

En 1898, dans son rapport au Sénat, au nom de la commis-sion chargée d'examiner le projet de loi sur le service des Enfants assistés, M. Théophile Roussel exposait les effets de la loi de 1889 sur ce service. — « La gravité de cette question, écrivait-il, s'est accrue considérablement pour le service, depuis qu'à l'ancien personnel des pupilles de l'Assistance se sont ajoutées les nouvelles recrues faites en vertu de la loi du 24 juillet 1889. La conséquence, *facile à prévoir*, de cette arrivée de mineurs recueillis dans les milieux les plus malsains des populations urbaines, n'a pas tardé à se pro-duire. Le nombre des pupilles impropres au placement fami-lial, faible exception jusque-là, a pris des proportions notables et créé pour le service des difficultés d'autant plus sérieuses que les organisations départementales étaient moins préparées à cette sorte d'invasion de pupilles vicieux ou insubordonnés » (Sénat, 1898, n° 283, p. 151).

Cette expérience devait, semble-t-il, suffire à écarter la possibilité d'une récidive.

Mais, tout au contraire, cette année 1898 est marquée par la funeste loi du 19 avril.

En 1903, dans son rapport au service central de l'Inspec-tion générale, M. Ogier, directeur du contrôle au ministère de l'Intérieur, montrait de même les résultats de la loi de 1889 en ces termes : — « Les moralement abondonnés, par leur inconduite, par leur inaptitude à s'adapter au milieu familial, par les délits que souvent ils commettent, déconsi-dèrent le placement familial et, dans certaines régions, le rendent impossible. Lorsque, par exemple, un moralement abandonné s'est rendu coupable d'un crime contre les personnes ou la propriété, comme un incendie de récoltes, il y a, de ce fait même, toute une région où le placement familial devient impossible. La méfiance des nourriciers s'éveille; ils ne voient que le fait brutal ; ils ne distinguent pas si l'acte a été commis par un enfant assisté ou par un moralement abandonné. Pour eux, pour toute la région, c'est un enfant du *service*, et c'est le service tout entier qui se trouve ainsi compromis. (*J. off*. 2 juillet 1903.)

Par les effets de la loi de 1889, il était « facile de prévoir » ce que seraient les effets de la loi de 1898, qui fut, dans le service des Enfants assistés, une véritable catastrophe !

*<br>* *

— Aussitôt après la loi de 1898, M. Brueyre signalait le péril (*Revue philanthropique*, 1899).

« Si les magistrats, écrivait-il, manquaient de perspicacité et de prudence, ils verraient rapidement les services publics et les œuvres privées refuser leur concours à l'application de la loi ».

— D'avril 1898 à fin décembre 1901, le tribunal de Lille avait rendu 200 jugements confiant des mineurs de 16 ans à l'Assistance publique. Au milieu de 1900, l'administration avait déjà 80 pupilles en fuite (H. Joly, *l'Enfance coupable*, p. 184). L'inspecteur départemental multipliait en vain ses révélations alarmées.

« La situation, loin de s'améliorer, disait-il, va en empirant tous les jours, malgré les plaintes exprimées ; on ne peut rien, et nous assistons, le cœur navré, *à la désorganisation du service des enfants assistés* ».

— En 1901, dans son discours de rentrée à la Cour de cassation, M. l'avocat général Feuilloley, parlant de la loi de 1898, disait que les tribunaux « ne devront jamais faire application de cette loi aux enfants vicieux ».

Néanmoins cette application se continua.

— Le préfet du Nord refusa de recevoir les enfants ainsi judiciairement envoyés dans le service des enfants assistés. Cette résistance fut suivie par VINGT-DEUX conseils généraux qui refusèrent de voter les dépenses que comportait l'exécution de la loi.

Dans un rapport postérieur, l'Inspecteur du Nord s'exprimait ainsi :

« ... Cette situation est intenable, car tous les jours nous

apprenons qu'un ou deux de ces pupilles se sont enfuis de leurs placements et presque toujours en emportant des choses qui ne leur appartiennent pas et quelquefois de l'argent et des bijoux. Ces faits démontrent la nécessité de prendre des mesures énergiques contre l'invasion des sujets indisciplinés et vicieux qu'il nous est impossible de ramener au bien *et qui déconsidèrent nos autres pupilles* ».

Dans de telles conditions, peut-on blâmer l'Assistance publique d'avoir pris la décision — évidemment inattendue — de placer même chez leurs propres parents des enfants que le tribunal avait précisément voulu leur enlever en les lui confiant ?

— En 1902, à la séance de rentrée du Comité de défense des enfants traduits en justice de Rouen, le procureur général, M. Rack, appelait l'attention des magistrats de son ressort sur le péril des décisions confiant abusivement de mauvais garnements à l'Assistance publique. Il y en avait 108 en fuite ! Le 21 août 1902, le Conseil général de la Seine-Inférieure émettait le vœu que l'Assistance publique fût autorisée à remettre à l'autorité judiciaire les enfants dont la garde lui avait été confiée par les tribunaux et qui seraient reconnus rebelles.

— Au même moment, 14 août 1902, était rendu l'arrêt Chambreleng, qui mettait fin à la résistance des conseils généraux, en rendant la dépense obligatoire.

— En 1903, au Congrès d'Assistance publique qui s'est tenu à Bordeaux, l'inspecteur départemental de la Seine-Inférieure, M. le D<sup>r</sup> Metton-Lepouzé exposait qu'une maison départementale de préservation avait été constituée à Aumale, dont le fonctionnement avait eu beaucoup à souffrir de la présence des pupilles judiciairement remis à l'Assistance publique.

« Il s'agissait, disait-il, de grands garçons de 15 à 16 ans, tristes produits du pavé des grandes villes, vagabonds d'un ordre spécial, au cerveau déformé par les vices, la fainéantise, l'alcool, et dont le degré de dégénérescence ne relevait pas, évidemment, de l'Assistance publique ».

Il en donnait deux exemples.

« Le nommé Louis N... né le 23 février 1884, d'une nature vicieuse et incorrigible, est poursuivi pour vol et remis une première fois par le tribunal correctionnel de Rouen, à sa famille, le 23 novembre 1899. Deux mois après, second vol; le 24 janvier 1900, une décision du même tribunal le remet encore une fois à sa famille. Cinq jours après, nouveau vol. Cette fois, par jugement du 7 mars 1900, le tribunal ordonne qu'il sera envoyé dans une maison de correction ; mais ce jugement est réformé par un arrêt du 29 mars 1900, *qui remet l'enfant à l'Assistance publique*. Au bout d'un mois de séjour à l'école d'Aumale, N. s'évade et, de retour à Rouen, il se rue un soir, en compagnie de souteneurs dont il faisait son habituelle fréquentation, sur un brave ouvrier qu'il dévalise et frappe avec une telle brutalité que le malheureux meurt au bout de quelques jours. Traduit de ce chef en Cour d'assises, N... est condamné le 12 février 1901 à 6 ans de travaux forcés.

« Le jeune B..., gamin de 12 ans, pas beaucoup plus haut qu'une botte, a été admis (à l'école d'Aumale) en 1899 à la suite d'un jugement qui l'enlevait à sa mère, ivrognesse invétérée, vivant en concubinage avec un individu alcoolique et dégradé. Vagabond incorrigible depuis toujours, par tempérament et par habitude, B... était un véritable professionnel en son genre. Evadé 4 fois de l'école départementale et 4 fois repris, il a réussi à s'enfuir à nouveau. Arrêté à la suite de nombreux vols, il subit en ce moment une peine de 3 mois de prison.

« Aux jeunes N... et B... il eût fallu de véritables établissements fermés ».

— En 1907, au Conseil supérieur de l'Assistance publique, M. Brueyre disait : « Les inquiètudes des inspecteurs des enfants assistés le proclament, la présence de ces mineurs est un ferment de désorganisation dans un service qui, d'ici à peu d'années, comptera près de 180.000 pupilles et qu'il faut préserver des contacts dangereux, comme aussi les enfants des nourriciers eux-mêmes. » (Fascicule 105, p. 9.)

Dans la même circonstance, M. Mirman ajoutait : « Il ne faut pas être charitable au détriment d'une autre catégorie d'enfants extrêmement intéressants. Ne faites pas pour les pupilles de l'Assistance, dont nous sommes les tuteurs, ce que vous ne voudriez pas voir faire pour vos propres enfants ». (Même fascicule, p. 41.)

— En décembre 1909, M. Caillemer, président du conseil général d'administration des hospices de Lyon, écrivait : « Ces pupilles adolescents, de 15 à 21 ans, appartiennent pour la plupart à cette catégorie de précoces malfaiteurs que la justice confie à l'Assistance publique en vue de leur relèvement moral. D'autres sortent des maisons de correction (1). Beaucoup sont incorrigibles et exercent sur leurs camarades une très mauvaise influence. Nous ne pouvons soumettre chacun d'eux à une surveillance incessante; le maintien de ces jeunes gens dans l'hôpital est intolérable. Ils défoncent les panneaux des portes, arrachent les serrures (2), brisent les vitres et les chaises, dégradent les murs ou les couvrent d'inscriptions obcènes. Ils dévastent en un mot les locaux qu'ils occupent. Ils causent même un grand scandale par les cris ou les chants inconvenants qu'ils font entendre au moment où les convois funèbres sortent du dépôt mortuaire de l'hospice... Nous n'avons pas à l'hôpital Saint-Polhain des locaux suffisamment isolés pour hospitaliser de pareils pupilles, et, d'autre part, nous ne pouvons les garder dans les bâtiments qu'ils occupent ».

Au même moment, M. le D$^r$ Mouret, inspecteur départemental du Rhône, ajoutait : « Plus délicate encore est la situation dans le dépôt de la Charité où séjournent nos filles ».

— En 1912, au Congrès de Grenoble, le même D$^r$ Mouret, auteur de plusieurs brochures sur ce sujet, a présenté un rapport où, p. 240, il disait :

« Je suis bien obligé de constater qu'à l'abri des récentes lois, presque tous, y compris les volontaires de l'assistance privée, transforment l'Assistance publique en une vaste cuvette de Ponce-Pilate où chacun vient se décharger de sa responsabilité. Ainsi nos dépôts et nos placements familiaux sont devenus de *véritables foyers de crimmiculture*, où les plus déshérités et les plus faibles sont légalement contaminés sans pitié ni merci (3). Le résultat en est lamentable. Où est le profit social quand, pour sacrifier à la mode du jour qui trouve, à tort, selon les gens bien informés, les maisons de correction redoutables, on *a perverti* un nombre difficile à supputer d'enfants naturels et d'enfants de nourriciers ? Le système empirique actuel est *absurde et odieux* ».

Et, en assemblée générale, le D$^r$ Mouret renouvela en termes émus ses énergiques protestations.

« La seconde question, disait-il, est relative aux enfants

(1) Sur ce va-et-vient qu'on a appelé « *le circuit* », cf., dans la *Rev. pénit.*, 1905, p. 400, la discussion qui a eu lieu au Comité de défense le 1$^{er}$ mars 1904.

(2) Pareil fait s'est présenté à Bordeaux où une grille en fer a été arrachée.

(3) Sur les hospices dépositaires, cf. les observations présentées ci-après par MM. Bouvier, Cannet, Marois, Nicaud et Viret.

remis à l'Assistance publique en vertu des lois de 1889 et de 1898. J'estime que la loi de 1898, mal conçue et mal étudiée, a eu *les conséquences les plus funestes*. Rien que dans le département du Rhône, pour 150 enfants, on m'en a gâté 6.000. Je tenais à apporter ma protestation... Les résultats de cette loi sont abominables ».

— Le 26 juin 1912, sous la présidence de M. le conseiller Albanel, la *Société Internationale pour l'étude des questions d'assistance* a étudié de son côté, au rapport de M. Cambillard, inspecteur départemental de l'Oise, la question et les limites du placement familial. Ce remarquable rapport a été publié dans la *Revue philanthropique* du 15 juillet 1912, p. 283. Il s'y exprime en ces termes :

« Quel cauchemar à la pensée qu'un enfant perverti peut semer la contagion du vice dans toute une famille saine, voire même dans toute une école! Je trouve que c'est là une de nos plus redoutables responsabilités. *Risquer de contaminer toute une population pour le redressement problématique d'un individu.* Aussi n'est-ce pas sans une inquiétude profonde que nous avons vu reculer les bornes de notre service au delà de certaines frontières pour y englober *les enfants en garde auteurs de délits* (vagabonds, voleurs, incendiaires, lubriques). Déjà la loi du 24 juillet 1889 sur les moralement abandonnés a déversé dans nos cadres un contingent qui a profondément modifié nos effectifs, si bien que dans la Seine on a dû créer des agences spéciales pour cette catégorie (1), et nous savons de quelle réputation elles jouissent! (Troyes et Châtillon). *Il y a là un grand danger*, et la parole de M. le directeur Mirman nous est allée au cœur lorsque, le 6 juin, nous l'avons entendu signaler ce danger avec toute l'autorité qui s'attache à sa fonction, et montrer avec force le discrédit qui peut rejaillir sur nos bons sujets de cette incorporation d'éléments contaminés, pour l'éducation desquels nous ne sommes pas outillés. »

Dans la même séance, M. Nicaud, inspecteur de l'Assistance publique de l'Aube, a présenté aussi un rapport où il disait :

« *Sauf quelques rares exceptions*, le placement familial ne présente aucune garantie pédagogique au regard de l'amendement du sujet difficile. » (*Rev. philanth.*, p. 312.)

---

(1) Cf., sur ce point l'Avis de M. Nicaud.

La *Société Internationale* a voté à l'unanimité :

Cette déclaration : « *Le placement familial est* ABSOLUMENT *contre-indiqué toutes les fois que le sujet peut être un danger physique, moral ou social pour la famille adoptive, y compris les enfants de l'école et le village même.* »

Et ce vœu : « *Que l'attention du législateur soit appelée sur* l'IMPOSSIBILITÉ *que rencontre actuellement l'Assistance publique à procurer une éducation appropriée à certaines catégories d'enfants que les tribunaux lui confient.* »

Si ces idées sont fausses, qu'on dise pourquoi. Si elles sont vraies, n'est-il pas temps de s'en inquiéter et d'y faire droit?

*<br>* *

Les déclarations ci-dessus avaient d'ailleurs le défaut de se borner à des conclusions générales.

Il nous a paru nécessaire de demander et de rapporter ici des renseignements plus circonstanciés sur la situation grave qui était faite aux services de l'Assistance publique.

**Renseignements de M. JEAN BOUVIER,**
*Inspecteur départemental de la Loire-Inférieure,*<br>*Conseiller de préfecture honoraire.*

Les enfants difficiles, instables ou vicieux que nous comptons en Loire-Inférieure au nombre de 170 environ par an (soit environ 1700 en 10 ans) nous sont arrivés par trois voies légales :

1° La voie de la déchéance paternelle (loi de 1889);

2° La voie du dessaisissement de la puissance paternelle (loi de 1889, art, 17);

3° L'application de la loi de 1898 par les tribunaux.

A) — La déchéance de puissance paternelle nous a fait donner des enfants qui ont vécu dans des milieux corrompus, en face de mauvais exemples et qui portent presque tous des tares héréditaires. Ces enfants peuvent « *à la rigueur* » être instruits, préservés et relevés, *surtout quand ils ont moins de 13 ans.* L'Assistance publique peut essayer alors et réussir à en faire d'honnêtes travailleurs en choisissant avec intelligence les nourriciers ou les patrons susceptibles de leur donner l'éducation morale qui leur manque et d'effacer dans leurs âmes les mauvais souvenirs. La besogne est délicate, *le résultat problématique.* Mais la loi de 1889 sur les moralement abandonnés contient, à mon avis, un réel intérêt social, et je dois reconnaître qu'en Loire-Inférieure les moralement abandonnés recueillis par voie de déchéance de leurs parents sont, sauf quelques exceptions, facilement amendables et amendés.

B) — Le dessaississement de la puissance paternelle (art. 17). Cette voie de recrutement me paraît *des plus dangereuses,* si on en fait abus. Les parents qui ne peuvent ou ne savent assurer la surveillance de leurs enfants, parce que ces enfants sont doués des plus mauvais instincts, arrivent par ce moyen (du moins à Nantes, avant mon arrivée), à les confier à l'Assistance publique, *qui devient ainsi une sorte de succursale de la Pénitentiaire.* Dans l'occurrence, c'est surtout de leurs droits de correction paternelle que ces gens se sont dessaisis, en dépit des règles du code civil. Une fausse et bizarre interprétation de la loi (je parle pour Nantes et Saint-Nazaire) a ainsi permis aux tribunaux de ces deux villes *d'encombrer nos services d'une quantité considérable de ieunes chenapans, impropres à tout placement, capables des pires sottises et contre lesquels l'Administration se trouve obligée d'user de tous les moyens de rigueur.*

Je pourrais citer cinquante exemples de moralement abandonnés qui se trouvent dans ce cas. Après nombre de placements familiaux infructueux, ces enfants ont été confiés aux maisons de réforme, puis repris dans le service et finalement renvoyés à l'administration pénitentiaire. Mais, pour eux, que de démarches, de paperasseries et de rapports! Je dois faire remarquer que, si les tribunaux confient facilement à l'Assistance publique les enfants de cette catégorie, ils hésitent au contraire à les faire ensuite passer, en vertu de la loi du 28 juin 1904, à la Pénitentiaire. Il faut des voies de fait, des menaces suivies d'un commencement d'exécution, et les jugements ne sont rendus qu'après de longs retards. *Pendant ce temps, à l'hospice dépositaire, l'enfant vicieux contamine et pourrit ses camarades orphelins, pauvres ou abandonnés, qui attendent un placement familial.*

*Notre hospice dépositaire de Saint-Jacques, malgré la surveillance des gardiens, se trouve ainsi le théâtre de faits révoltants. Les enfants (filles et garçons) s'y battent, s'y injurient et vont jusqu'à se donner entre eux des coups de couteau* (1). *Je ne parle pas des faits d'immoralité trop courants, hélas!* Toutes les semaines, nous sommes obligés d'intervenir et de punir. Contre cet état de choses, aucun remède ne réussit, ni le travail forcé, ni la cellule, ni les admonestations, ni les conseils, ni la violence, ni la douceur.

Je reconnais que le nombre de cette catégorie d'enfants peut être facilement diminué. Il suffit de discuter et de refuser leur admission, d'avertir les parents qu'ils peuvent s'adresser directement au président du tribunal pour faire punir leurs enfants coupables et d'user de leur droit de correction au lieu de s'en dessaisir.

C) — Enfants confiés par les tribunaux en vertu de la loi du 19 avril 1898.

Ici, il faut séparer nettement les enfants, auteurs de délits ou de crimes, des enfants qui en sont victimes.

Les enfants, victimes de délits ou de crimes, remis à l'Assistance publique, sont en général susceptibles d'être confiés à des familles. La loi protège ici d'une façon spéciale, contre l'homme criminel, la faiblesse de l'enfant. L'Assistance publique, en bonne mère, peut leur ouvrir ses bras et exercer facilement son droit de « garde » dans leur intérêt.

*Les enfants, auteurs de crimes et de délits, confiés à l'Assistance publique, comme ayant agi sans discernement, sont la plaie et la gangrègne du service et doivent nettement en être bannis.*

Qu'advient-il en effet? Malgré la circulaire du 4 novembre 1908, qui autorise l'examen et la visite en prison du jeune délinquant par l'inspecteur, malgré le refus d'acceptation opposé par ce fonctionnaire au juge d'instruction (v. *infra* p. 110 et 111), il arrive trop souvent, dans la majorité des cas, que le tribunal hésite à prononcer la sentence correctionnelle, — et le juge d'instruction — lui, premier — confie l'enfant coupable à l'Assistance, par ordonnance (2).

*Le jeune coupable reste à sa disposition. Mais où? A l'hospice dépositaire. Il s'y trouve forcément en contact avec les autres jusqu'à la décision définitive. Son action néfaste s'y*

---

(1) Voir ci-après l'Avis de M. Marois.

(2) Les observations de M. Jules Bouvier sont ici particulièrement intéressantes, puisque, comme on l'a vu, c'est ainsi qu'on se propose de procéder pour l'application de la loi des tribunaux pour enfants. — V., p. 107, les exemples qu'il donne relatifs à des enfants DE MOINS DE 13 ANS.

*exerce en toute liberté. Enfermez un fruit pourri avec des fruits sains dans une armoire close. Ouvrez l'armoire un mois après, et constatez les dégâts ! Des enfants très sains et très disciplinés sont ainsi journellement contaminés à notre hospice dépositaire de Saint-Jacques. Entrés sans punition au dépôt, ils n'en sont sortis que pour accompagner « en correction » ceux qui les avaient pervertis.*

*Quand le jugement est définitif et que les jeunes coupables se trouvent « en garde » à l'Assistance, on ne peut, en conscience, les incorporer à d'honnêtes familles de cultivateurs. Les quelques essais tentés dans cet ordre d'idées en Loire-Inférieure ont donné de malheureux résultats. Outre le danger et les risques qui existent pour les nourriciers, les employeurs et leur entourage, il y a là aussi l'intérêt contraire des autres enfants. Les mauvais garnements perdent et gâtent les places des bons sujets. Les employeurs, concluant tout naturellement du particulier au général, refusent, après expérience, de prendre à leur service nos meilleurs pupilles. Pour eux, tous les pupilles de l'Assistance sont et deviennent trop vite des apaches et des vauriens (1).*

*On peut donc affirmer que le placement familial est nettement contre-indiqué pour tous les enfants auteurs de crimes et de délits, tant dans l'intérêt des employeurs et de leur famille que dans l'intérêt de nos autres enfants.*

*Le placement à l'hôpital est des plus dangereux.*

*Le placement familial est impossible.*

*Où mettre ces tristes sujets?*

Je ne crains pas de dire que l'administration pénitentiaire me paraît devoir *seule* en être chargée. Après une longue observation et une sélection rigoureuse dans une maison de réforme (2), on pourra tenter de faire bénéficier la minorité d'un placement familial, si les employeurs, dûment avertis, veulent bien y consentir.

Reste à créer pour chaque département ou par groupe de départements ces maisons de réforme ou ces colonies d'un nouveau genre. Je doute fort qu'on puisse y arriver, — même en admettant qu'elles ne contiennent que des enfants instables, simplement difficiles, tous les vicieux devant être remis à l'administration pénitentiaire. Je doute que les conseils généraux en votent facilement l'installation et sur-

(1) Voir *suprà* p. 9.

(2) M. H. Joly a maintes fois insisté sur la même idée. Cf. ci après l'Avis de M. Marois.

tout que les populations intéressées en acceptent le voisinage.

Cette question de l'établissement d'une école de réforme d'enfants difficiles (même après sélection) a été étudiée depuis six ans en Loire-Inférieure, et n'a pu encore aboutir. L'assemblée départementale en reconnaît la nécessité impérieuse, mais chaque fois qu'il s'agit de désigner un immeuble ou un endroit propice à son installation, le représentant du canton visé proteste avec énergie au nom des populations qu'il représente (1), et la question de l'école de réforme est remise à l'étude, c'est-à-dire à des temps meilleurs.

En résumé, si la nouvelle loi sur les tribunaux pour enfants vient encore grossir le nombre de nos pupilles difficiles, j'estime que, mal outillée et, disons le mot, absolument désarmée au sujet de ces derniers, l'Assistance publique verra compromettre et péricliter sans retour l'éducation, l'avenir et l'intérêt de ses autres enfants.

Voici d'ailleurs quelques exemples qui s'adaptent aux différents cas précités.

### 1° *Enfants contaminés à l'hospice dépositaire.*

M... Paul, orphelin. Donne entière satisfaction jusqu'à l'âge de 17 ans. A cette époque, en contact à l'hospice dépositaire avec de mauvais garnements, en attendant un placement, il se gâte : il prend part à une mutinerie et refuse tout placement. On l'envoie à la colonie agricole de Luc, où, pour acte de violence, il est remis à l'administration pénitentiaire.

— J... Léon, orphelin. Donne également satisfaction jusqu'à l'âge de 15 ans. Envoyé à Mettray pour indiscipline. Retiré et pourvu d'un placement approprié à ses goûts et aptitudes, il s'évade et se fait arrêter par la police. Envoyé à la colonie agricole du Luc.

— R... André, orphelin. Donne satisfaction jusqu'à l'âge de 17 ans. Toujours mêmes motifs de contamination à l'hospice dépositaire. Ne veut accepter aucun placement. Envoyé à Mettray. S'évade de cet établissement en compagnie de deux autres pupilles du département. Renvoyé à Mettray.

— G... François, orphelin. Bon petit garçon jusqu'à l'âge

---

(1) On sait ce qui est arrivé a ce point de vue pour l'application de la loi du 11 avril 1908 et les déclarations du Conseil général de l'Yonne.

de 15 ans. Etait même employé à faire les courses à l'Inspection. Se laisse débaucher à l'hospice dépositaire par le contact des pupilles vicieux et s'évade. Ramené par la gendarmerie et envoyé à Mettray.

N. B. — Je pourrais citer dans cette catégorie une vingtaine d'exemples tout récents.

### 2° *Enfants confiés en vertu de l'article 17 de la loi du 24 juillet 1889.*

— A... GEORGES. Admis à l'Assistance publique *à l'âge de 13 ans*. Fait deux placements en un mois. Refuse le troisième. Envoyé à la colonie agricole d'Avallon. Prend part 6 mois après à une mutinerie et est incarcéré à la colonie agricole de Mettray où il reste un an. Je fais une nouvelle tentative de placement familial. Il s'évade au bout de 2 mois et refuse de travailler, préférant retourner en correction. Envoyé à la colonie du Luc. Nouvelle mutinerie et incendie à cette colonie. Remis à l'administration pénitentiaire.

— B... CHARLES. Admis à *l'âge de 10 ans*. A fait 7 placements. S'évade du dernier. Arrêté par la police. Insulte grossièrement les agents. Envoyé à la colonie agricole de Mettray, ayant alors 15 ans. S'évade 3 fois de cet établissement. Il déclare au directeur qu'il n'hésiterait pas à frapper et même à tuer s'il était nécessaire pour s'évader à nouveau. Enfin complote une évasion à main armée de concert avec d'autres pupilles (1). Confié à l'administration pénitentiaire.

— L... ANDRÉ. Admis *à l'âge de 12 ans*. A fait 4 placements. *A son dernier séjour à l'hospice dépositaire*, se fait remarquer par son indiscipline. Le 6 septembre 1912, a dû être interné à la prison de Nantes pour coups de couteau sur un autre pupille. Sa mise en liberté ordonnée, L... vient tout dernièrement d'être définitivement confié à l'administration pénitentiaire pour mêmes motifs : coups de couteau sur un pupille.

— T... PIERRE. Admis *à l'âge de 11 ans*. Avant l'âge de 13 ans, 4 placements. Dans le dernier, a eu l'intention d'incendier la ferme de son maître. Fait deux autres placements

(1) C'est à la suite de ce complot que le 15 février 1912, M. le sénateur R. Bérenger adressa une question au ministre de la Justice sur le criant abus que les tribunaux faisaient de la loi de 1906 sur la majorité pénale. Le ministre envoya le 11 mars 1912 une circulaire dont l'effet dura quelques jours. — V. l'Appendice III *in fine*.

en 6 mois. *A pris part à une mutinerie à l'Hôtel-Dieu.* Incarcéré à la maison de réforme d'Avallon où il reste 6 mois. Fait encore 4 autres places. *Rentré à l'hospice dépositaire,* fait l'objet d'une plainte de l'administration hospitalière pour violence et menace de mort à l'égard du surveillant. Confié à l'administration pénitentiaire, il y reste 4 mois. Placé à nouveau. S'évade. Ramené, il refuse tout placement. Interné à la colonie de Mettray, où il reste 2 ans. Est pourvu d'un nouveau placement sur la proposition du directeur. Il y reste 14 jours, et dans un autre 20 jours. Réintégré à Mettray.

*3° Enfants en garde, auteurs de délits, loi du 19 avril 1898.*

— A... JEAN. Confié à l'Assistance publique à l'âge de 15 ans, comme acquitté faute de discernement de la prévention de vol et de vagabondage. La remise à l'Assistance publique a eu lieu malgré avis défavorable de l'inspecteur de l'Assistance publique, après enquête faite en exécution de la circulaire ministérielle du 7 novembre 1908. Reste 7 jours dans son premier placement et 5 jours dans le deuxième. Interné à la colonie de Mettray.

— B... ANDRÉ. Admis à l'Assistance publique à l'âge de 15 ans, comme acquitté sans discernement de la prévention de vol et de vagabondage. Reste 17 jours dans le premier placement et un mois dans le second. Profère des menaces contre son patron. Troisième placement, 20 jours. Rentré à Saint-Jacques (*hospice dépositaire*), il mord un de ses camarades et lui aurait fait un mauvais parti sans l'intervention du gardien. Envoyé à Mettray.

— L... LOUIS. Admis à l'Assistance publique à l'âge de 14 ans, comme acquitté sans discernement de la prévention de vol. En deux mois, 3 placements. S'évade du troisième. Envoyé à la colonie Saint-Louis près Bordeaux. Le secrétaire général de cette œuvre, conseiller à la Cour d'appel, se plaint de L... en ces termes : « Indiscipliné, insolent à l'égard des surveillants; de plus a commis un vol avec effraction dans le magasin aux vivres ». Incarcéré pour ces faits à la colonie de Mettray. Il vient d'être l'objet d'un rapport du directeur. Dans cet établissement il a encouru 217 jours de punition pour indiscipline et actes d'insubordination. Il s'est en plus livré à des voies de fait sur deux surveillants. Confié à l'administration pénitentiaire.

— T... Edouard. Admis à l'Assistance publique à l'âge de 15 ans, comme acquitté non discernant de la prévention de vol. Très mauvais sujet. A mis à maintes reprises le trouble et le scandale à *l'hospice dépositaire*. A blessé trois agents de la force publique et *deux employés de l'hospice*. Interné à la maison d'arrêt et confié à l'administration pénitentiaire. S'évade de Belle-Ile-en-Mer. Mis en arrestation par la gendarmerie pour agression à main armée contre particulier, vol d'effets et destruction de lignes téléphoniques et télégraphiques. Condamné à 2 ans de prison et incarcéré à la maison d'arrêt de Fontevrault. Condamné à 18 mois de prison pour blessures à un gardien de cet établissement.

*N. B.* — Je pourrais, surtout dans cette catégorie, citer maints cas semblables. Ces exemples suffisent pour montrer combien nos services ont besoin d'être défendus, dans l'intérêt même de nos vrais pupilles, qui de leur côté ont tant besoin d'être protégés contre l'envahissement et la contamination des mauvais sujets.


### Renseignements de M. EM. CANNET,
*Inspecteur départemental de l'Ille-et-Vilaine.*


Il ne me paraît pas possible que les tribunaux continuent à confier à l'Assistance publique des enfant en garde, auteurs de délits ou de crimes... Quels gardiens ou patrons, fermiers, cultivateurs, consentiraient à se charger de tels enfants, lorsque le représentant de l'Assistance publique leur fait connaître qu'il va leur remettre des voleurs ou des incendiaires acquittés comme ayant agi sans discernement ? D'autre part, ce représentant de l'Assistance publique, pourrait-il, sans manquer à ses devoirs envers le gouvernement, envers les gardiens et patrons, cacher à ces gens les antécédents des enfants qu'il va leur confier ? (Cf. *supra* p. 9).

Presque tous les enfants qui ont été remis à l'Assistance publique depuis la loi du 19 avril 1898 sont, pour la catégorie « auteurs », des voleurs ou des incendiaires. J'ajouterai même que certains tribunaux lui ont remis *des récidivistes*!

Ces placements ont les plus graves inconvénients : ces mauvais sujets, confondus avec nos pupilles, leur font dans le pays une réputation déplorable ; et par cette promiscuité, ils compromettent leur moralité et leurs bons sentiments.

Si, au lieu d'être placés, ces jeunes gens restent à l'hospice dépositaire où ils n'ont aucune occupation, ils corrompent dans l'établissement les assistés de passage attendant un placement à la campagne... Ce matin même je m'occupais d'un enfant de 15 ans, apprenti boulanger, confié à l'Assistance publique par le tribunal de Vitré, *après avoir commis plusieurs vols*. Pendant un mois, j'avais en vain cherché un placement possible pour lui ; aucun patron ne voulait s'en charger, *même assuré du paiement des frais de pension et d'entretien et du remboursement des déyâts que l'enfant pourrait commettre chez lui.*

Jamais les enfants de cette catégorie ne devraient être confiés à l'Assistance publique... Il est urgent de prendre cette mesure si l'on ne veut pas que de tous côtés, *et ainsi en est-il déjà dans certaines communes*, les pupilles de l'Assistance publique soient considérés comme de véritables « petits bandits ». A l'appui de ce que j'avance, je cite ce passage d'une lettre d'un curé de campagne : « On se défie de ces enfants, dit-il ; et, comme ils ne craignent rien ni personne, on a toujours peur de les voir commettre quelque mauvais coup ».

## Renseignements du D<sup>r</sup> HAMEL,

Inspecteur départemental du Nord.

Mise à exécution, souvent sans examen des cas d'espèce, du caractère, des habitudes, du degré de perversion et de l'origine des délinquants, la loi du 19 avril 1898 est devenue rapidement un véritable danger, non seulement pour nos services d'assistance, mais aussi pour les mineurs eux-mêmes, qui nous sont ainsi remis.

Il y a unanimité, chez tous ceux qui s'occupent de l'enfance abandonnée, *c'est-à-dire de nos vrais pupilles*, pour déclarer qu'on a fait fausse route, qu'on a porté *un préjudice considérable au service des Enfants assistés* et que, si à bref délai on ne met pas un terme aux habitudes prises, *ce service sera complètement et définitivement discrédité...*

Vraiment la procédure suivie jusqu'à ce jour, et contre laquelle nos services d'assistance récriminent *depuis très longtemps*, est par trop simple. On arrête un mineur ; les parents bien renseignés sur le caractère du délinquant s'en désintéressent ou sont incapables de le diriger, on le juge ; et, très fréquemment, *même contre le gré de l'administration de l'Assistance publique* (v. p. 104), on le confie à celle-ci, qui, forcément, *car elle n'a aucun autre moyen à sa disposition*, le place, d'abord, à l'hospice dépositaire, et, ensuite, dans une famille.

*Dans la majorité des cas*, le délinquant fait sans tarder école à l'établissement dépositaire ; il contamine ses camarades. En placement familial, il prend la fuite, vole ou commet d'autres méfaits plus graves. Après deux ou trois placements de cette espèce dans une région, les familles honorables *refusent ou de prendre nos enfants ou de s'intéresser à leur sort*.

A l'appui des affirmations ci-dessus, les faits abondent. Les statistiques dressées chaque année par les services départementaux du Nord (elle porte sur cinq années et intéresse 157 enfants) démontrent que les enfants « en garde », surtout ceux âgés de plus de 12 ans, *restent, dans une proportion de 90 0/0 au minimum, des indisciplinés des incorrigibles et des vicieux* (1). Les uns, je le répète, s'empressent de se soutraire à la surveillance administrative et retournent vite devant les tribunaux. Les autres, en raison de leur inconduite, nous mettent dans l'obligation de les interner dans une école de réforme ou dans une colonie pénitentiaire. — Voilà pour le passé.

Pour l'avenir, il est de première nécessité que les magistrats, appelés à statuer sur le cas des jeunes délinquants, ne perdent pas de vue un résultat aussi défavorable.

Pour ceux des enfants que la loi nouvelle sur les Tribunaux pour enfants permet de remettre à l'Assistance publique, cette loi présentera les mêmes dangers que celle du 19 avril 1898, si, *dès le début*, on ne modifie pas les habitudes prises. La principale préoccupation des nouveaux juges devra porter sur l'étude des situations et des caractères, sur la sélection des natures difficiles ou coupables (2).

De leur côté, les pouvoirs publics ont le devoir impérieux de créer des établissements spéciaux, dans lesquels il sera possible d'isoler, de discipliner et de réformer tous les enfants auxquels ne conviendra pas le placement familial. En un mot, à la méthode empirique et inefficace appliquée actuellement, doit succéder une méthode de rééducation raisonnée.

(1) Cf. l'Avis de M. Nicaud et la statistique qu'il a dressée à ce sujet.

(2) M. le conseiller Marin a présenté les mêmes observations dans son Avis ci-dessus, p. 87.

## Renseignements de M. MAROIS,
*Inspecteur départemental de Seine-et-Oise.*

Au sujet des inconvénients occasionnés aux services d'*Enfants assistés* par les diverses lois qui permettent aux tribunaux de confier des enfants délinquants à l'Assistance publique, la situation a été maintes fois décrite par M. le directeur de l'Assistance publique qui se faisait comme l'interprète de *tous* les inspecteurs départementaux. La cause initiale de ces inconvénients réside dans ce fait que l'Assistance publique, telle qu'elle est organisée pour l'enfance, *n'est pas une institution de réformation morale.* Les moyens mis à sa disposition pour le placement de ses élèves ne lui permettent pas de réaliser l'œuvre de relèvement qu'on a voulu lui assigner...

Aussi est-ce à JUSTE TITRE QUE NOUS POUVONS REDOUTER LA MISE EN VIGUEUR DE LA LOI DU 22 JUILLET 1912 SUR LES TRIBUNAUX POUR ENFANTS. EN EFFET, QUEL QUE SOIT LE LIEU OÙ ILS SONT PLACÉS, CES MINEURS APPORTENT TOUJOURS LA PERTURBATION DANS UN SERVICE.

Au moment de leur entrée dans leur service, il convient de les mettre tout d'abord à l'hospice dépositaire et de les y maintenir en observation pendant quelque temps avant de les pourvoir d'un placement. *Or, le dépôt est loin d'avoir un régime de rigueur ; on y jouit d'une sorte de bien-être, d'une oisiveté surtout qui favorise malheureusement les plus mauvais penchants, sans compter les facilités d'évasion. Il faut surtout redouter le contact permanent avec les autres pupilles, nos assistés, qui se trouvent accidentellement au dépôt et songer que les exemples et les conseils qui leur seront donnés doivent à bon droit être considérés comme suspects* (1)...

Avec la nouvelle loi, le séjour au dépôt se prolongera forcément pendant toute la durée de l'instruction qui, si rapidement qu'elle soit menée, entraînera trop souvent des délais relativement longs.

*Il nous paraît quelque peu illogique de soustraire au contact des autres prévenus des enfants coupables pour les mettre en relations directes, permanentes et prolongées, avec d'autres enfants sains sur lesquels ils auront vite acquis un fâcheux ascendant.*

---

(1) Cf., sur ce point, l'Avis de M. l'inspecteur J. Bouvier, p. 103.

Lorsque nous confions de ces mineurs à des familles, suivant la règle de notre service, les mêmes inconvénients subsistent. Les enfants sont, il est vrai, disséminés parmi des populations meilleures au lieu de se trouver rassemblés dans un établissement. Mais, par simple transplantation, leurs instincts ne se trouvent pas modifiés et améliorés par le bon exemple qu'ils peuvent rencontrer. *C'est, hélas! le contraire qui se produit. D'autres enfants les entourent dans la famille, à l'école; leur influence reste aussi pernicieuse, et, si quelque lente amélioration se produit, il faut songer aussi au mal qu'auront propagé leurs conseils et leurs mauvais exemples.*

Ces faits répétés donnent lieu à des plaintes fréquentes émanant des *parents* ou des *instituteurs* et jettent un *discrédit immérité* sur l'ensemble de nos vrais pupilles; il n'est pas surprenant de recevoir des pétitions demandant le retrait d'un ou de plusieurs enfants, cause de scandale dans une commune.

Après le départ de tels pupilles, l'impression demeure vivace parmi les habitants. Tel qui aurait eu l'intention de solliciter la garde d'un enfant s'abstient, de peur que son élève ne lui occasionne les mêmes désagréments. La source des demandes qui pour nous est d'un précieux concours pour nos placements se trouve diminuée, je dirai presque *tarie* dans certaines régions, à raison des méfaits dont certains enfants en garde ont laissé le souvenir...

*Bien loin de diminuer, ces difficultés vont se trouver accrues par l'application de la nouvelle loi. Les enfants qui nous seront confiés formeront un appoint considérable de pervertis et les inconvénients signalés s'en augmenteront d'autant.* Nous sommes et nous resterons désarmés, si, à côté de notre action, n'en intervient pas une autre plus spécialement dirigée vers le relèvement moral des mineurs délinquants. Par une sélection appropriée, l'Assistance publique resterait apte à recevoir un certain nombre de ces enfants (1)...

Il me reste maintenant à appuyer ces observations par des exemples *frappants* et *récents* pris dans le service de

(1) Le système ainsi proposé n'est-il pas précisément celui de la loi de 1850 ? Parmi les enfants placés dans des établissements de réforme, l'Assistance publique prendrait sous son patronage un certain nombre de ceux qui, par sélection consécutive, paraîtraient pouvoir être mis en placement familial révocable en cas de rechute.

Seine-et-Oise que j'ai l'honneur de diriger. Pour cela, je n'ai qu'à puiser au hasard dans les dossiers spéciaux des « évadés », et aussi dans ceux qui sont placés à l'école de réforme de Saint-Cyr et à la colonie de Mettray, en exécution de la loi du 28 juin 1904. Je n'ai qu'à extraire quelques passages des rapports de l'inspection.

— F... M., né en octobre 1900, entré dans le service le 23 août 1907. — « Caractère violent, batailleur, maraudeur. Il n'a donné aucune satisfaction par son travail et sa conduite et a dû être placé à l'école de réforme de Sacuny-Brignais. Il a été renvoyé de cet établissement le 10 décembre 1910. Replacé à Mettray le 14 octobre 1911, il ne s'y est nullement amendé. C'est, dit le directeur, un mauvais gamin, indiscipliné, insolent, paresseux, désordonné et toujours puni ».

— G... R., né en décembre 1897, entré dans le service le 14 octobre 1910. Placé à Mettray le 15 juillet 1912. — « Ce garçon a vécu une vie libre pendant qu'il était avec son père et il ne peut aujourd'hui s'astreindre au travail. C'est un instable, dont les libertés de langage peuvent surprendre ceux qui ne sont pas habitués à entendre des expressions grossières et brutales. »

— F... L., né en mars 1899, entré le 25 mars 1909. — « Il avait, à l'âge de 10 ans, volé un fusil. Il continua à voler chez ses patrons et se réfugia chez sa mère dont la conduite est déplorable. Cette dernière estime que son fils est un sujet incorrigible et menteur dont on ne fera jamais rien. L'expérience paraît lui donner raison, car, à Mettray où il est depuis le 30 avril 1912, il est noté comme mauvais à tous les points de vue. »

— C... M., né en mars 1901, entré le 14 juin 1912. — « Ce garçon a à son actif un vol de 11 francs à sa nourrice, 3 évasions, dont une par le toit du dépôt d'Avallon et une infraction à la police des chemins de fer. C'est un voleur, un vicieux et un paresseux, rebelle à tout placement familial. Placé à Mettray le 8 septembre 1913, il ne paraît pas s'être amendé. »

— B... A., né en juin 1899, entré le 27 mai 1913. — « Ses origines le prédisposaient au vagabondage et il a à Paris, dit-il, une maîtresse qu'il voudrait rejoindre. Ses conversations sont des plus scabreuses et à tel point grossières qu'aucun patron ne peut le conserver à son service. Il est à Mettray depuis le 9 août 1913. »

— R... C., né en mars 1898, entré le 21 mars 1907. Evadé

de son dernier placement le 23 juin 1912 en volant 1200 francs à son patron. Il n'a pas été retrouvé.

— D... A., née en septembre 1897, entrée le 12 décembre 1912. Placée à l'école de Saint-Cyr. — « Le caractère indomptable, la grossièreté des expressions de cette grande fille de 15 ans ont découragé autant que surpris ses deux patrons qui n'ont pas voulu tolérer ses insolences ni ses provocations. Elle a des allures d'apache qui sont le résultat de promiscuités regrettables. Il n'est pas possible en tous cas de placer un sujet pareil dans une famille où elle constituerait un danger ».

— B... H., né en octobre 1896, entré le 16 février 1911. Evadé le 20 septembre 1911 en volant 50 francs à son patron. N'a pas été retrouvé.

— B... Ed , né en juillet 1899, entré le 8 août 1913  Evadé le 13 août 1914. N'a pas été retrouvé.

— G... G., né en mars 1895, entré le 7 mars 1908. Evadé le 30 mars 1908. N'a pas été retrouvé.

— B... A., né en juillet 1900, entré le 15 septembre 1913. Evadé le 21 octobre 1913. N'a pas été retrouvé.

Ne convient-il pas d'examiner également d'une façon brève et sans aucun parti pris le rôle joué par certaines institutions privées qui se chargent, *en les plaçant au dehors, dans des familles,* de réformer les enfants qui leur sont confiés par les tribunaux ?

Les trois exemples *récents* que je rapporte ci-après montreront que ces sociétés, comme l'Assistance publique, ne sont pas toujours « outillées » pour mener à bien l'entreprise qu'elles assument.

1° — Le jeune H... (14 ans), qui est loin d'être une perle, avait été confié par un patronage à un cultivateur du Jura ; il s'enfuit, fut arrêté comme vagabond et confié à l'Assistance publique du Jura, qui demanda au département de Seine-et-Oise, en raison de son lieu de naissance, de le prendre en charge. Par diverses lettres, l'administration demanda au patronage à qui il avait été confié quelles mesures il entendait prendre à l'égard de son pupille. Ces lettres sont restées sans réponse. Le patronage, de ce fait, avouait son impuissance.

2° Le cas du jeune C... (9 ans) est typique. Confié à l'Assistance le 7 mai 1913 comme moralement abandonné, il avait été placé auparavant dans le département de la Creuse par les soins d'un patronage. L'administration de la Creuse, à laquelle on demanda des renseignements sur le lieu et la nature du placement de l'enfant dont il s'agit, fit connaître, par ses lettres des 14 et 27 novembre 1913, qu'il était placé chez les époux X, à Y... dans les conditions suivantes : « M^me X... ne donne aucun salaire à cet enfant ; elle subvient à tous ses besoins moyennant que l'enfant se livre à quelques. menus travaux de la ferme, dont le principal est de garder le petit troupeau de brebis. *Il ne fréquente pas l'école.* De plus, M^me X... a déclaré qu'elle ne pourrait le garder si elle était tenue de l'envoyer à l'école, même s'il lui était accordé une indemnité ». Est-il nécessaire de commenter une telle situation ?

3° L... (16 ans), inculpé de vagabondage et d'infraction à la police des chemins de fer, avait été confié par le parquet de Versailles. le 17 mai 1910, à un patronage. Continuant ses exploits, cet enfant vicieux finit par être recueilli, d'abord par l'Assistance publique de la Seine, puis par celle de Seine et-Oise, puisque l'œuvre précitée avait déclaré « qu'elle se désintéressait complètement de lui ». Pourvu d'un excellent placement familial par les soins de l'inspection de l'Assistance publique de Versailles, le 29 avril 1913, il s'évade le 28 mai suivant et finit pas être envoyé le 24 décembre 1313 en correction par le tribunal de Melun, qui ne put le rendre à l'Assistance publique parce qu'il avait heureusement plus de 16 ans.

## Renseignements du D^r **METTON-LEPOUZÉ,**

*Inspecteur départemental de la Seine-Inférieure.*

Presque tous les adolescents et même les enfants confiés judiciairement à l'Assistance publique ne peuvent et ne doivent en aucune façon être remis à des familles. Leur contact serait pernicieux aux propres enfants des braves gens qui les auraient recueillis et ils n'en tireraient eux-mêmes aucun profit. MM. Brueyre et Mirman, avec leur autorité et leur particulière compétence, ont, chacun de son côté, insisté sur ce point. Très rares sont malheureusement les services d'Assistance publique possédant à l'heure actuelle les établissements prévus à l'art. 3 de la loi du 28 juin 1904.

# Renseignements de M. L. NICAUD,
*Licencié en droit,*
*Inspecteur départemental de la Marne.*

Les mineurs de 16 ans, confiés à l'Assistance publique par les tribunaux au titre d'enfants en garde, « auteurs de délits », forment un groupe hétérogène (1), qui fait tache sur les « assistés », admis en vertu de la loi du 27 juin 1904...

Quels qu'ils soient, ils sont indistinctement placés à la campagne ; et cela, à pension ou à gages, selon leur âge.

Les nourriciers et les patrons qui consentent à les recueillir sont, de notoriété publique, de braves gens. Cette qualité essentielle suffit à l'administration, qui ne se berce pas du chimérique espoir de rencontrer en eux ni des psychologues, ni des éducateurs, ni des altruistes...

Réfractaires à la discipline ordinaire, ces jeunes coupables sont bien vite une cause incessante de trouble dans *la famille* et à *l'école*... Comme leur surveillance est véritablement trop absorbante, sans résultats satisfaisants, et que la responsabilité des gardiens est trop grande, ces malheureux sont aussitôt ramenés au dépôt (hospice dépositaire). Ici commence l'ère de la navette qu'ils feront désormais entre celui-ci et les placements multiples de toutes natures auxquels ils seront successivement affectés en vain. Ce ballottement ne contribue guère à développer leur éducation, leur jugement, à former leur volonté... Et, dès lors, leurs instincts vagabonds reprennent le dessus et les entraînent fatalement, un beau matin, sur la grande route qu'ils arpentent fiévreusement en trimardeurs endurcis, sur la grande route où ils s'enlisent peu à peu dans la boue des ruisseaux fangeux qui la bordent, où ils courent tous les risques qui escortent la pauvreté vicieuse, et où bientôt ils seront appréhendés, trop tard peut-être pour prévenir les pires méfaits.

Et là ne s'arrêtent pas toujours leurs pérégrinations mouvementées, leur dérèglement malfaisant. Car certains tribunaux, non seulement les absolvent alors des délits dont ils sont inculpés, *mais, une fois de plus, ils les remettent à l'Assistance publique* ! Les arrestations, les interrogatoires du juge d'instruction, leur comparution devant le tribunal, leurs mises en liberté successives, leur réintégration dans le ser-

---

(1) A cet égard, cf. *supra* l'Avis de M. J. Bouvier.

vice, les énervent, les exaspèrent et leur donnent une impression d'impuissance judiciaire et administrative peu faite pour prévenir de nouveaux écarts de conduite.

*Chose plus grave ! L'enfant passe ainsi de la prison à l'établissement dépositaire, où l'isolement est tout à fait illusoire. Aux « assistés » malades, convalescents ou en instance de placement, il donne le plus mauvais exemple, les conseils les plus pernicieux. Il nous est impossible de mesurer ici l'étendue du mal qui a sa source dans cette promiscuité déplorable ; mais il doit être bien grand* (1).

Je vais appuyer et démontrer mes affirmations par des faits, par des chiffres, qui témoignent de l'inefficacité du placement familial pour les mineurs délinquants. Que sont en effet devenus dans la Marne les jeunes délinquants confiés à la garde de l'Assistance publique, en conformité des lois des 19 avril 1898 et 12 avril 1906, depuis et y comprise cette dernière année ? La statistique, rigoureusement consciencieuse, que je viens d'établir à cet effet se charge de résoudre la question (2).

De 1906 à 1913 inclusivement, les tribunaux nous ont, dans la Marne, confié le droit de garde sur 197 mineurs, savoir : 78 de moins de 13 ans et 119 de 13 à 16 ans.

Le placement familial a été tenté en faveur de tous. Examinons les effets de cette mesure. Sont notés convenablement :

| | |
|---|---|
| Parmi ceux admis avant 13 ans (et sous la réserve que je préciserai tout à l'heure) | 10 sur 78 |
| Parmi ceux admis de 13 à 16 | 3 sur 119 |
| Total | 13 sur 197 |

Les 184 autres, formant la différence, sont des incorrigibles, inaptes à s'adapter au milieu familial qui leur fut assigné. Ils se classent ainsi :

---

(1) Voir ci-dessus les avis de MM. Bouvier, Cannet et Marois.

(2) La statistique de M. l'inspecteur départemental de la Marne est particulièrement intéressante. C'est vraiment un document. Il serait très utile que cette statistique fût établie pour chacun de nos départements. Elle serait plus utile encore si elle distinguait, comme l'a fait M. J. Bouvier, les trois catégories d'enfants ou d'adolescents versés judiciairement dans le service des enfants assistés.

1° Fuyards disparus .. . . . . . . . . . . . . . . .   **47**
2° Internés (art. 1 de la loi du 28 juin 1904). . . . . . . .   1
3° Récidivistes remis à l'administration pénitentiaire (art. 66 c. p.). . . . . . . . . . . . . . . . . . .   **12**
4° Incendiaires (en instance de jugement) . . . . . . .   1
5° Voleurs condamnés à des peines de 15 jours à 3 mois de prison et *réintégrés ensuite dans le service* . . . . . .   3
6° Assassins acquittés comme non discernants et envoyés dans une colonie pénitentiaire. . . . . . . . . . .   1
7° Prostituées. . . . . . . . . . . . . . . . . . . .   2
8° Vagabonds endurcis, arrêtés fréquemment sur tous les points du territoire, jugés et rapatriés à la suite de non-lieu ou d'acquittements . . . . . . . . . . . . . .   3
9° Minus habentes . . . . . . . . . . . . . . . . . .   1
10° Instables et difficiles *dont la moyenne des placements est de 6 par an* . . . . . . . . . . . . . . . . . . . .   **113**

Total . . . . . .   184

Nous constatons que, chez les adolescents de 13 à 16 ans, le pourcentage des sauvetages est presque nul, soit 2,52.

Chez les enfants immatriculés avant l'âge de 13 ans, ce pourcentage s'élève à 12,82. Si cependant on analyse de près cette dernière proportion, on la trouve un peu poussée. En voici la raison : pour que des nourriciers se séparent spontanément de leur élève, il faut que celui-ci se soit rendu tout à fait insupportable. S'il est seulement médiocrement noté et si son état de perversité n'est pas une cause de scandale, ils le garderont dans la majeure partie des cas jusqu'à 13 ans, quelquefois par affection, souvent par intérêt et par amour-propre.

Tels sont les piètres résultats que j'ai tenu à signaler simplement. Ils sont dans la Marne ce qu'ils sont à coup sûr dans les autres départements. De pareilles recrues me paraissent donc « indésirables ». *Car elles portent une atteinte grave à la considération méritée des « pupilles de la nation » qui, comme le disait si éloquemment et avec tant de coeur, M. Mirman, « n'ont d'autre tort que leur misère ».*

Leur situation est encore plus critique, plus périlleuse dans les départements où l'Assistance publique de la Seine déverse à jet continu ses déficients mentaux, son déchet moral (1).

Une circonstance, qui me revient à l'esprit, donne le critérium du préjudice moral que nos pupilles (assistés) convenables, — et ils le seraient pour ainsi dire tous, — subissent du fait des « judiciaires » vicieux. Dans le courant de

(1) Sur ce point, cpr. *suprà* p. 101, les observations de M. Cambillard.

l'année 1912, et dans une commune d'un département limitrophe, une septuagénaire fut assassinée, après avoir été violée, par un mineur « en garde » de la Seine. J'étais en tournée d'inspection ce jour-là dans la région où le drame faisait grand bruit. Je me trouvais le soir dans la salle d'attente d'une gare voisine. Cinq ou six personnes des environs parlaient de l'affaire avec animation. Un roulottier des Caïfa résuma la discussion en déclarant énergiquement : « Ces enfants d'hospice « sont tous les mêmes, des voyous et des apaches ; les gens « s'en servent parce qu'ils n'en ont pas d'autres ». Sans me faire connaître, je fis remarquer à l'individu, avec des exemples à l'appui, combien son affirmation était exagérée. Ni lui, ni les autres ne voulurent en convenir ; les têtes étaient montées, et, ma foi ! je fus assez heureux que l'arrivée du train mît fin à un colloque qui menaçait de tourner à l'aigre. Il est vrai que la presse contribue beaucoup à fausser l'opinion publique sur la nécessaire distinction qu'il y a lieu de faire entre les pupilles admis par la voie administrative et les enfants en garde envoyés par la voie judiciaire. Chaque fois que, dans un fait divers quelconque, elle parle d'un « enfant assisté », elle fait invariablement suivre son nom de la qualité de « pupille de l'Assistance ».

## Renseignements de M. GEORGES VIRET,

*Sous-préfet honoraire,*
*Inspecteur départemental de la Gironde.*

La nouvelle loi concernant les jeunes gens délinquants ou criminels, va créer à nos services des charges nouvelles et très lourdes, soit pendant l'instruction jusqu'à solution définitive, soit en conséquence et en vertu des décisions définitivement prises par les tribunaux.

Je dis nettement (et je crois être en cela d'accord avec tous mes collègues) que cette loi aggrave la situation qui nous est déjà faite par la présence des enfants dits « en garde », et confiés à l'Assistance publique en vertu de la loi du 19 avril 1898, catégorie d'enfants qui exige la vigilante attention et l'intervention incessante des fonctionnaires et agents du service. Ces mineurs de 16 ans, victimes ou auteurs de délits ou de crimes, ont pris de habitudes perverses dans les milieux urbains où ils ont rencontré de mauvais exemples.

La loi du 22 juillet 1912, en permettant dans son article 6 la remise des mineurs de 13 ans délinquants, à l'Assistance publique, va augmenter le contingent de nos mauvais sujets, d'autant plus que certaines personnes tiennent l'Assistance publique comme toute désignée pour recueillir les pires épaves. Perspective inquiétante !

En effet, quelle va être, au sujet de ces mineurs de 13 ans, la situation 1° pendant l'instruction, 2° après la décision défitive ?

I. — *Pendant l'instruction*. — D'abord, où aura lieu l'instruction ? Et durant toute cette période quel toit abritera l'enfant ? Comme il est interdit de placer celui-ci, même provisoirement à la maison d'arrêt, l'autorité judiciaire, légitimement embarrassée, se retourne vers l'Assistance publique (art. 3). Mais que pourra faire celle-ci ? Il n'est vraiment pas possible, et c'est l'évidence même, de recueillir dans *l'hospice dépositaire*, à moins d'une installation spéciale, de petits vagabonds, voleurs, mendiants, demi-apaches, même mineurs de 13 ans. Quelle chose redoutable pour nos vrais pupilles que le contact de ces nouveaux venus ! Ne sommes-nous pas assez désolés de l'obligation, le cas échéant, de conserver quelques jours, au milieu de nos pupilles, le petit vaurien dont la justice a cru devoir nous confier la garde, ou celui qui, trouvé errant sur la voie publique et amené par la police, retarde par ses mensonges l'heure de son rapatriement ? Aussi faut-il penser que, *dans la plupárt des villes*, les commissions administratives des hospices ne consentiront pas à cette installation (v. p. 78). On objecte que, même dans les grands centres, le nombre des enfants traduits en justice sera minime. Je le crois également, si la loi..... n'est pas appliquée !

II. — *Après décision définitive*. — Quelle sera la situation ? Où placer l'enfant mineur de 13 ans. l'article 21 ayant heureusement exonéré l'Assistance publique du placement définitif des mineurs de 13 à 18 ans ? Pas dans une famille, assurément. Ce serait un scandale. Le confier à un ménage sans enfants ? Cette solution sera rarement possible. Pour entreprendre et poursuivre l'éducation morale et l'instruction générale ou professionnelle de cet enfant, pour le dérober aux multiples sollicitations qui le guettent, l'internat prolongé dans une maison de réforme s'impose. Mais, de ce côté, des difficultés se présentent. A quels établissements privés l'Assistance publique confiera-t-elle les enfants qu'elle aura reçus en vertu de la loi de 1912? Admettons que, la plupart confessionnels, les établissements susceptibles de nous prendre ces mauvais sujets consentent à les recevoir. Il est hors de doute qu'en peu de temps, les places dont ils disposent seront occupées. Et alors que ferons-nous ?

Si la loi du 22 juillet 1912 était jugée nécessaire, pourquoi prévoit-elle l'intervention de l'Assistance publique plutôt que celle de l'administration pénitentiaire, laquelle, avec ses établissements pour jeunes enfants, était pourtant qualifiée en la circonstance ?

En résumé, l'ASSISTANCE PUBLIQUE EST ACTUELLEMENT DANS L'IMPOSSIBILITÉ DE CONCOURIR EFFICACEMENT A L'EXÉCUTION DE CETTE LOI, et il est inutile de s'étendre davantage sur les si graves dangers que présente l'entrée dans nos services de nouveaux petits délinquants ou criminels. Telle est mon opinion bien ferme. Pour la fortifier encore, si besoin est, il me suffira d'invoquer : 1º la circulaire télégraphiée aux préfets, le 2 février, par M. le Ministre de l'Intérieur; 2º celle que M. le Ministre de la Justice a adressée le 30 janvier aux procureurs généraux.

La première porte : — « Je vous signale et vous prie de signaler à inspecteur de l'Assistance publique la circulaire du Garde des Sceaux, insérée à l'*Officiel* 2 février, qui prévoit CONDITIONS TRÈS RESTRICTIVES dans lesquelles mineurs visés par loi 22 juillet 1912 pourront être remis par tribunaux à Assistance publique. »

De la circulaire de M. le Garde des Sceaux, j'extrais seulement cette phrase : « ...Telles sont les recommandations générales que vous voudrez bien adresser au personnel judiciaire de votre ressort: *Elles lui laissent suffisamment apparaître la tâche laborieuse qui lui est dévolue et les difficultés multiples d'organisation qu'il devra s'ingénier à résoudre.* »

## APPENDICE II

## Le nombre des mineurs de 13 ans arrêtés et de ces mineurs envoyés en correction.

Au cours de la discussion de la loi de 1912, M. Ferdinand-Dreyfus a dit : « Il y a actuellement, dans nos colonies pénitentiaires, tant publiques que privées, 537 garçons entrés avant l'âge de 12 ans et 110 ou 111 filles, si je ne me trompe, qui y ont été envoyées dans les mêmes conditions. » (*J. Off.*, 27 janvier 1911.)

Au total 647 mineurs envoyés en correction avant l'âge de 12 ans.

Ce chiffre a surpris par son importance même.

Pour mesurer approximativement les effets possibles de la nouvelle loi, il était intéressant de savoir :

1° Le nombre des mineurs de 13 ans annuellement arrêtés ;

2° Le nombre de ces mêmes mineurs annuellement jugés ;

3° Le nombre de ces mineurs envoyés en correction, et par quels tribunaux étaient surtout ordonnés les envois en correction.

** **

Il est très difficile, sinon impossible, d'évaluer, même approximativement, le nombre des mineurs de 13 ans *délinquants, arrêtés* chaque année, et qui, surtout dans les grandes villes, sont rendus à la liberté après une simple admonestation du commissaire de police.

Dans son rapport au Congrès de Grenoble (1912), M. le Dʳ Mouret, inspecteur départemental du Rhône, disait : « Les délinquants juvéniles n'arrivent devant le tribunal qu'après une série de méfaits... C'est de 13 à 16 ans que la justice est le plus souvent saisie, alors que les manifestations inquiétantes se sont échelonnées quelquefois depuis l'âge de 10 ans, ne recevant aucune sanction et servant d'exemple funeste aux agglomérations d'enfants ».

M. Paul Kahn a fourni à ce point de vue un renseignement qui doit être rappelé : « Les mineurs de 13 ans, poursuivis devant les tribunaux, sont relativement rares, non point qu'ils ne commettent pas de délits — (*j'ai pu relever, par exemple, les noms de plus de 80 mineurs amenés au commissariat en un mois dans un quartier populeux de Paris*) — mais parce qu'on ne les poursuit pas. » (*Rev. des Tribunaux pour enfants*, p. 13.)

Près de nos frontières, où les fraudeurs emploient souvent de très jeunes enfants, l'administration des Douanes se borne à faire régulariser judiciairement la dépossession comme si les marchandises avaient été saisies sur inconnus.

Parlant de la criminalité en 1909, le rapport du Garde des Sceaux disait : « Pour les enfants de moins de 16 ans, les chiffres ne donnent qu'une idée incomplète de la réalité, car les parquets ne requièrent une information régulière que lorsque les renseignements sont mauvais ou les faits vraiment trop graves ».

Un des commentateurs de la loi de 1912, M. Cl. Griffe (p. 239) exprime que cette très large indulgence est la seule raison pour laquelle le nombre des adolescents en police correctionnelle dépasse celui des enfants plus jeunes. « Si, dit-il, les adolescents déjà formés sont de beaucoup les plus nombreux parmi toute la jeunesse qui défile dans nos prétoires, c'est *uniquement* parce que les plus jeunes délinquants n'ont pas été arrêtés ou sont immédiatement relâchés ».

Pour le nombre des mineurs de 13 ans, traduits devant le tribunal correctionnel, il est possible d'avoir des chiffres exacts.

Il en résulte que, dans les grandes villes, où la bienfaisance privée permet d'autres décisions, les tribunaux envoient fort peu ces mineurs en correction.

Il est vrai que, d'une façon assez générale, on ignore l'existence et la spécialité de la colonie de Saint-Hilaire, de la colonie d'Auberive et de l'œuvre privée de Frasne-le-Château

C'est dans les petites villes, où les autres solutions sont plus rarement possibles, que les tribunaux correctionnels prononcent plus souvent l'envoi en correction. Pour la même raison c'est dans les petites villes que les magistrats rencontreront le plus de difficultés pour l'application de la loi de 1912.

PARIS.

*Renseignements donnés par* M. G. HONNORAT

*Chef de la première division à la Préfecture de Police.*

| Années | Sexe des mineurs | ARRESTATIONS DE MINEURS DE 13 ANS | | | MESURES PRISES A L'ÉGARD DES MINEURS DE 13 ANS REMIS A LA DISPOSITION DE LA PRÉFECTURE DE POLICE APRÈS TRADUCTION EN JUSTICE | | | |
|---|---|---|---|---|---|---|---|---|
| | | Mineurs Traduits en justice | Mineurs non traduits | Total des arres- tations | Rendus à leur famille | Placés à l'Assistance publique | Confiés à des patronages | Totaux |
| 1912 | Garçons . . . | 84 | 26 | 110 | 4 | 7 | 2 | 13 |
| | Filles . . . . | 15 | 8 | 23 | 11 | 4 | » | 15 |
| | Totaux . . | 99 | 34 | 133 | 15 | 11 | 2 | 28 |
| 1913 | Garçons . . . | 76 | 21 | 97 | 1 | 5 | 1 | 7 |
| | Filles. . . . | 7 | 5 | 12 | » | 1 | » | 1 |
| | Totaux . . | 83 | 26 | 109 | 1 | 6 | 1 | 8 |

En dehors des totaux mentionés dans ce tableau, il y a les arrestations dont l'effet s'arrête dans les commissariats (1).

La Préfecture de police ne connaît pas les décisions judi-ciaires intervenues à l'égard des mineurs de 13 ans qui n'ont pas été remis à sa disposition après traduction en justice, savoir : 105 en 1912 et 101 en 1913.

Vérifications faites, le Parquet ne tient pas de statistique à ce sujet.

Il est d'ailleurs certain que, en principe, la 8e Chambre du tribunal de la Seine n'envoie pas en correction les mineurs de 13 ans.

(1) Voir ci-dessus le renseignement donné par M. Kahn.

## Bordeaux.

*Renseignements donnés par* M. RÉAUME
*Procureur de la République.*

| Années | Nombre to-tal des enfants mineurs de 13 ans | Envoi en cor-rection | Remis aux parents | | Remis à l'Assis-tance publique | Remis à des œuvres privées | Condamna-tions |
|---|---|---|---|---|---|---|---|
| | | | Par le parquet | Par le tribunal | | | |
| 1912 | 27 | 3 | 23 | » | 1 | » | » |
| 1913 | 31 | » | 30 | 1 | » | » | » |

A Bordeaux, la remise de l'enfant à ses parents est, comme on voit, une règle, sinon constante, du moins presque générale.

## Le Havre.

*Renseignements donnés par* M. Frank BASSET

En 1912, il y a eu au Havre 31 mineurs de 13 ans *poursuivis* pour délits.

Sur ces 31 mineurs, 24 ont été rendus à leurs parents.

Savoir :
    9 à la suite de désistements ou d'ordonnances de sursis à règlement ;
    13 à la suite de jugements d'acquittement pour non discernement ;
    2 à la suite d'acquittements purs et simples.

Ensemble  24

Sur les 7 autres :
    3 ont été remis par le tribunal à des institutions de bienfaisance ;
    4 ont été remis à l'Assistance publique.

Ensemble  7

Il n'y a donc eu aucun envoi en correction pour ces mineurs en 1912.

Il est tout à fait rare que notre tribunal envoie en correction des mineurs de 13 ans, à peine 1 par an.

## LILLE.

*Renseignements donnés par* M. PRUDHOMME

**1910.** — Classés     23 garçons,  7 filles = 30
           Non-lieu    4 garçons,  2 filles =  6
           Jugés      19 garçons, 17 filles = 36
                             Total :    72

      46 avaient été détenus
      Envoi en correction . . . . . . . . .    0

**1911.** — 32 ont été détenus
      Envoi en correction . . . . . . . . .    0

**1912.** — 166 procès-verbaux
      23 détenus
      Envois en correction . . . . . . . .    2

**1913.** — Non-lieu . . . . . . . . . . . . .  10
      Envoyés en correctionnelle. . . . . . .  46
      Envois en correction . . . . . . . . .   5
      Remis à leurs parents ou à l'Assistance pu-
      blique. . . . . . . . . . . . . . .  41

## LYON.

*Renseignements donnés par* M. ROUSSELON

Les mineurs de 13 ans, déférés au tribunal, sont à Lyon fort rares. Le plus souvent, on évite de poursuivre ces mineurs arrêtés. Pour les infractions à la police des chemins de fer, par exemple, les poursuites se terminent par une amende infligée en réalité aux parents civilement responsables.

Voici les chiffres relevés pour deux années :

| | 1911 | 1912 |
|---|---|---|
| Affaires classées . . . . . . . . . . | 15 | 8 |
| Non-lieu . . . . . . . . . . . . . | 2 | 1 |
| Prévenus . . . . . . . . . . . . . | 12 | 6 |

Pour ces prévenus, sont intervenues les solutions suivantes :

| | 1911 | 1912 |
|---|---|---|
| Acquittés . . . . . . . . . . . . | 2 | » |
| Remis aux parents. . . . . . . . . | 2 | 3 |
| Remis à une institution charitable . . . | 1 | » |
| Remis à l'Assistance publique . . . . | 2 | » |
| Envoyés en correction . . . . . . . | 2 | » |
| Condamnés à l'amende . . . . . . . | 3 | 3 |
| Ensemble. . . | 12 | 6 |

## MARSEILLE.

*Renseignements donnés par* M. VIDAL NAQUET

J'ai relevé à la prison Chave le nombre des enfants de 13 ans *arrêtés*. Il s'est élevé :

| | |
|---|---|
| En 1911, à . . . . . . . . . . . . . | 74 |
| En 1912, à . . . . . . . . . . . . . | 66 |
| En 1913 (23 déc.), a . . . . . . . . . | 58 |

C'est en somme le chiffre intéressant, car c'est pour les enfants *arrêtés* que va se poser le redoutable problème : *où les mettre en attendant leur comparution devant le tribunal?*

Ceux qui n'auront pas été mis en détention comparaîtront en liberté, comme avant, devant la Chambre du conseil.

Voici les décisions rendues :

| Années | Envoyés en correction | Remis à l'Assistance publique | Remis aux parents | Total |
|---|---|---|---|---|
| 1911 | 12 | 9 | 53 | 74 |
| 1912 | 11 | 29 | 26 | . 66 |
| 1913 (23 déc.). | 11 | 23 | 24 | 58 (au 23 déc.) |
| | 34 | 61 | 103 | 198 |

## ROUEN.

*Renseignements donnés par* M. MOURRAL

| | 1909 | 1910 | 1911 | 1912 | 1913 |
|---|---|---|---|---|---|
| *Mineurs de 13 ans arrêtés* | 125 | 96 | 127 | 136 | 124 |
| | | | | | |
| *Suite donnée aux affaires* | | | | | |
| Admonestation . . . . . . . . . . | 91 | 75 | 96 | 92 | 89 |
| Remise à l'Assistance publique . . . . | 11 | 4 | 4 | 8 | 9 |
| Remise au Comité de défense . . . . | 3 | 3 | 1 | 1 | 5 |
| Remise aux parents. . . . . . . . | 7 | 4 | 8 | 10 | 8 . |
| Envoi en correction. . . . . . . . | » | » | » | 2 | 6[1] |
| Non-lieu . . . . . . . . . . . . | 6 | 4 | 3 | 10 | 7 |
| Sursis à poursuites . . . . . . . . | 7 | 6 | 15 | 13 | ×[2] |
| Totaux. . . . . | 125 | 96 | 127 | 136 | 124 |

1. Dont 1 de 10 ans, 4 de 11 ans et 3 de 13 ans.
2. La suite donnée à ces affaires n'est pas ici fournie.

| Nature des infractions | 1909 | 1910 | 1911 | 1912 | 1913 |
|---|---|---|---|---|---|
| Abus de confiance . . . . . . . . | 1 | 1 | 1 | » | » |
| Vol. . . . . . . . . . . . . | 82 | 76 | 80 | 86 | 78 |
| Incendie . . . . . . . . . . . | 3 | » | 5 | » | » |
| Outrage à la pudeur. . . . . . . | » | 3 | 6 | » | » |
| Outrage à un agent . . . . . . . | » | » | 1 | » | » |
| Coups. Violences. . . . . . . . | 7 | 8 | 2 | 12 | 15 |
| Blessure par imprudence. . . . . | » | 2 | » | 1 | 6 |
| Bris de clôture . . . . . . . . | 7 | » | 12 | 15 | 8 |
| Vagabondage. Mendicité . . . . . | 7 | 4 | 3 | 18 | 13 |
| Dégradation de monuments. . . . | 10 | » | 8 | » | » |
| Port d'armes prohibées . . . . . | 1 | » | » | » | » |
| Chasse. . . . . . . . . . . . | 4 | » | 1 | 3 | 3 |
| Police des chemins de fer. . . . | 2 | » | » | » | 1 |
| Infraction postale . . . . . . . | 1 | » | » | 1 | » |
| Tapage . . . . . . . . . . . | » | 2 | » | » | » |
| Maraudage . . . . . . . . . . | » | » | 8 | » | » |
| Totaux . . . . | 125 | 96 | 127 | 136 | 124 |

M. Deneux, chef du troisième bureau de l'administration pénitentiaire, a bien voulu faire rechercher et nous donner les renseignements qui ont permis de dresser le tableau suivant.

Ce tableau indique l'état numérique des enfant qui, ayant été envoyés en correction en vertu de l'article 66 c. p., alors qu'ils avaient moins de 13 ans, se trouvaient sous la main de l'administration pénitentiaire au 31 décembre 1913, et la répartition de ces mêmes enfants entre différents établissements.

Mais, à cette date, tous n'étaient pas détenus. Par exemple, à Saint-Hilaire, sur le contingent total de 403. il y en avait 65 qui étaient placés à l'extérieur chez des patrons et 30 qui avaient été rendus à leurs parents par mesure de libération provisoire.

Ce tableau montre aussi les habitudes particulières à chaque ressort pour le jugement des enfants ayant moins de 13 ans au moment où ils sont traduits en justice. Si, dans certains ressorts, l'envoi en correction de ces mineurs est assez fréquent, il est au contraire très rare dans d'autres.

| Ressorts de cours d'appel | Tribunaux et cours ayant prononcé l'envoi en correction | Garçons — Nombre par tribunaux ou cours | Garçons — Nombre par ressort de cours d'ap. | Saint-Hilaire | Frasne-le-Château | Auberive | Sainte-Foy (protestants) | Filles — Nombre par tribunaux ou cours | Filles — Nombre par ressort de cours d'ap. | Cadillac | Doullens | Total des garçons et filles par ressort |
|---|---|---|---|---|---|---|---|---|---|---|---|---|
| **Agen** | Figeac | 1 | | 1 | » | » | » | » | | » | » | |
| | Nérac | 1 | | 1 | » | » | » | » | | » | » | |
| | *Total du ressort* | | 2 | | | | | | | | | | |
| **Aix** | Aix (Tr. et C.) | 26 | | 23 | 1 | 2 | » | » | | » | » | |
| | Draguignan | 2 | | 2 | » | » | » | » | | » | » | |
| | Grasse | 5 | | 4 | » | 1 | » | » | | » | » | |
| | Marseille | 11 | | 6 | 2 | 3 | » | » | | 5 | » | |
| | Nice | 5 | | 3 | 1 | 1 | » | » | | » | » | |
| | Tarascon | 2 | | 2 | » | » | » | » | | » | » | |
| | Toulon | 6 | | 5 | » | 1 | » | » | | » | » | |
| | *Total du ressort* | | 57 | | | | | | | 5 | | | 62 |
| **Amiens** | Abbeville | 3 | | 3 | » | » | » | » | | » | » | |
| | Amiens | 3 | | 3 | » | » | » | » | | » | » | |
| | Arras | 4 | | 4 | » | » | » | » | | » | » | |
| | Beauvais | 1 | | 1 | » | » | » | 1 | | » | 1 | |
| | Boulogne-sur-mer | 5 | | 5 | » | » | » | » | | » | » | |
| | Clermont | 1 | | 1 | » | » | » | » | | » | » | |
| | Compiègne | 2 | | 2 | » | » | » | » | | » | » | |
| | Laon | 2 | | 1 | » | 1 | » | » | | » | » | |
| | Montdidier | 2 | | 1 | » | 1 | » | » | | » | » | |
| | Péronne | 3 | | 2 | » | 1 | » | 1 | | » | 1 | |
| | Saint-Pol | 2 | | 2 | » | » | » | » | | » | » | |
| | Saint-Quentin | 2 | | 2 | » | » | » | » | | » | » | |
| | Senlis | 1 | | 1 | » | » | » | » | | » | » | |
| | Soissons | 1 | | 1 | » | » | » | » | | » | » | |
| | *Total du ressort* | | 32 | | | | | | | 2 | | | 34 |
| **Angers** | Angers (Tr. et C.) | 6 | | 5 | » | 1 | » | 2 | | 2 | » | |
| | Baugé | 1 | | 1 | » | » | » | » | | » | » | |
| | Laval | 1 | | 1 | » | » | » | » | | » | » | |
| | Le Mans | 4 | | 3 | 1 | » | » | » | | » | » | |
| | Loudun | 1 | | 1 | » | » | » | » | | » | » | |
| | Mamers | 1 | | 1 | » | » | » | 1 | | » | 1 | |
| | Redon | 2 | | 2 | » | » | » | » | | » | » | |
| | Saumur | 2 | | 2 | » | » | » | » | | » | » | |
| | Segré | 2 | | 2 | » | » | » | » | | » | » | |
| | *Total du ressort* | | 20 | | | | | | | 3 | | | 23 |
| **Bastia** | » | | Néant | | | | | | | Néant | | | Néant |
| **Besançon** | Beaume-les-Dames | 1 | | 1 | » | » | » | » | | » | » | |
| | Besançon (Tr. et C.) | 3 | | » | 3 | » | » | » | | » | » | |
| | Lure | 3 | | 3 | » | » | » | » | | » | » | |
| | Montbéliard | 4 | | 2 | » | » | 2 | » | | » | » | |
| | Pontarlier | 1 | | 1 | » | » | » | » | | » | » | |
| | Vesoul | 1 | | » | 1 | » | » | » | | » | » | |
| | *Total du ressort* | | 13 | | | | | | | Néant | | | 13 |
| **Bordeaux** | Barbezieux | 1 | | 1 | » | » | » | » | | » | » | |
| | Bordeaux | 1 | | 1 | » | » | » | 1 | | 1 | » | |
| | Confolens | 1 | | 1 | » | » | » | » | | » | » | |
| | Périgueux | 1 | | 1 | » | » | » | » | | » | » | |
| | *Total du ressort* | | 4 | | | | | | | 1 | | | 5 |
| **Bourges** | Bourges | 3 | | 3 | » | » | » | » | | » | » | |
| | Châteauroux | 1 | | 1 | » | » | » | » | | » | » | |
| | Issoudun | 1 | | 1 | » | » | » | » | | » | » | |
| | Nevers | 1 | | 1 | » | » | » | » | | » | » | |
| | *Total du ressort* | | 6 | | | | | | | Néant | | | 6 |
| **Caen** | Alençon | 2 | | 1 | » | 1 | » | » | | » | » | |
| | Argentan | 2 | | 2 | » | » | » | 1 | | 1 | » | |
| | Avranches | 1 | | 1 | » | » | » | » | | » | » | |
| | Caen (Tr. et C.) | 6 | | 6 | » | » | » | 1 | | » | 1 | |
| | Lisieux | 1 | | » | » | 1 | » | » | | » | » | |
| | Mortagne | 1 | | 1 | » | » | » | » | | » | » | |
| | Mortain | 3 | | 3 | » | » | » | » | | » | » | |
| | *Total du ressort* | | 17 | | | | | | | 2 | | | 19 |
| **Chambéry** | Saint-Julien | 1 | | 1 | » | » | » | » | | » | » | |
| | Thonon | 1 | | » | » | 1 | » | » | | » | » | |
| | *Total du ressort* | | 2 | | | | | | | Néant | | | 2 |

| RESSORT DE COURS D'APPEL | TRIBUNAUX ET COURS AYANT PRONONCÉ L'ENVOI | GARÇONS | | | | | | FILLES | | | | TOTAL DES GARÇONS ET FILLES PAR RESSORT |
|---|---|---|---|---|---|---|---|---|---|---|---|---|
| | | Nombre par tribunaux ou cours | Nombre par ressort de cours d'ap. | Saint-Hilaire | Frasne-le-Château | Auberive | Sainte-Foy (Protestants) | Nombre par tribunaux ou cours | Nombre par ressort de cours d'ap. | Cadillac | Doullens | |
| **Dijon** | Beaune | 2 | | 2 | » | » | » | » | | » | » | |
| | Chalon-sur-Saône | 5 | | » | 3 | 2 | » | » | | » | » | |
| | Charolles | 1 | | 1 | » | » | » | » | | » | » | |
| | Dijon (Tr. et C.) | 8 | | 5 | 1 | 2 | » | » | | » | » | |
| | Mâcon | 1 | | 1 | » | » | » | » | | » | » | |
| | Semur | 1 | | 1 | » | » | » | » | | » | » | |
| | *Total du ressort* | | 18 | | | | | | Néant | | | 18 |
| **Douai** | Avesnes | 4 | | 3 | » | 1 | » | » | | » | » | |
| | Béthune | 8 | | 5 | 1 | 2 | » | » | | » | » | |
| | Boulogne-sur-Mer | 1 | | » | » | 1 | » | 1 | | » | 1 | |
| | Cambrai | 2 | | 2 | » | » | » | 2 | | » | 2 | |
| | Douai (Tr. et C.) | 45 | | 32 | 5 | 8 | » | 2 | | » | 2 | |
| | Dunkerque | 3 | | 3 | » | » | » | 1 | | » | 1 | |
| | Lille | 7 | | 7 | » | » | » | 1 | | » | 1 | |
| | Montreuil-sur-Mer | 1 | | » | » | 1 | » | » | | » | » | |
| | Saint-Omer | 2 | | 1 | » | 1 | » | 1 | | » | 1 | |
| | Valenciennes | 9 | | 4 | 2 | 3 | » | » | | » | » | |
| | *Total du ressort* | | 82 | | | | | | 8 | | | 90 |
| **Grenoble** | Bourgoin | 1 | | » | » | 1 | » | » | | » | » | |
| | Die | 2 | | 2 | » | » | » | » | | » | » | |
| | Grenoble (Tr. et C.) | 1 | | 1 | » | » | » | » | | » | » | |
| | Saint-Marcellin | 1 | | 1 | » | » | » | » | | » | » | |
| | Valence | 1 | | 1 | » | » | » | » | | » | » | |
| | *Total du ressort* | | 6 | | | | | | Néant | | | 6 |
| **Limoges** | Aubusson | 1 | | 1 | » | » | » | » | | » | » | |
| | Limoges | 1 | | 1 | » | » | » | 3 | | 3 | » | |
| | *Total du ressort* | | 2 | | | | | | 3 | | | 5 |
| **Lyon** | Bellay | 1 | | 1 | » | » | » | » | | » | » | |
| | Bourg | 1 | | 1 | » | » | » | » | | » | » | |



| RESSORT DE COURS D'APPEL | TRIBUNAUX ET COURS | Nombre par tribunaux ou cours | Nombre par ressort de cours d'ap. | Saint-Hilaire | Frasne-le-Château | Auberive | Sainte-Foy (Protestants) | Nombre par tribunaux ou cours | Nombre par ressort de cours d'ap. | Cadillac | Doullens | TOTAL |
|---|---|---|---|---|---|---|---|---|---|---|---|---|
| | Lyon | 3 | | » | 2 | 1 | » | 1 | | 1 | » | |
| | Roanne | 1 | | 1 | » | » | » | » | | » | » | |
| | Saint-Etienne | 7 | | 6 | 1 | » | » | » | | » | » | |
| | *Total du ressort* | | 13 | | | | | | 1 | | | 14 |
| **Montpellier** | Béziers | 5 | | 4 | » | 1 | » | » | | » | » | |
| | Millau | 2 | | » | 2 | » | » | » | | » | » | |
| | Perpignan | 2 | | 2 | » | » | » | » | | » | » | |
| | *Total du ressort* | | 9 | | | | | | Néant | | | 9 |
| **Nancy** | Bar-le-Duc | 2 | | » | 1 | 1 | » | » | | » | » | |
| | Charleville | 1 | | » | » | 1 | » | » | | » | » | |
| | Epinal | 5 | | » | 3 | 2 | » | » | | » | » | |
| | Lunéville | 1 | | » | 1 | » | » | » | | » | » | |
| | Nancy (Tr. et C.) | 27 | | 2 | 17 | 6 | 2 | » | | » | » | |
| | Neufchâteau | 1 | | » | 1 | » | » | » | | » | » | |
| | Remiremont | 4 | | 3 | 1 | » | » | » | | » | » | |
| | Rethel | 2 | | » | » | 2 | » | » | | » | » | |
| | Rocroi | 1 | | » | » | 1 | » | » | | » | » | |
| | Saint-Dié | 4 | | 3 | 1 | » | » | » | | » | » | |
| | Saint-Mihiel | 3 | | » | 1 | 2 | » | » | | » | » | |
| | Toul | 2 | | » | 2 | » | » | » | | » | » | |
| | Verdun | 1 | | » | 1 | » | » | » | | » | » | |
| | *Total du ressort* | | 54 | | | | | | Néant | | | 54 |
| **Nimes** | Nîmes (C.) | 1 | | » | » | » | 1 | » | | » | » | |
| | Orange | 1 | | 1 | » | » | » | » | | » | » | |
| | Privas | 1 | | 1 | » | » | » | » | | » | » | |
| | *Total du ressort* | | 3 | | | | | | Néant | | | 3 |
| **Orléans** | Chinon | 1 | | 1 | » | » | » | » | | » | » | |
| | Loches | 1 | | 1 | » | » | » | » | | » | » | |
| | Orléans (Tr. et C.) | 5 | | 4 | 1 | » | » | 1 | | » | 1 | |
| | Tours | 3 | | 2 | » | 1 | » | 1 | | 1 | » | |
| | *Total du ressort* | | 10 | | | | | | 1 | | | 11 |
| **Paris** | Bar-sur-Aube | » | | » | » | » | » | 1 | | » | 1 | |
| | Corbeil | 3 | | 3 | » | » | » | 1 | | » | 1 | |
| | Châlons-sur-Marne | 2 | | » | 2 | » | » | » | | » | » | |
| | Chartres | 1 | | 1 | » | » | » | » | | » | » | |
| | Epernay | 4 | | 1 | 2 | 1 | » | » | | » | 1 | |
| | Etampes | 1 | | 1 | » | » | » | » | | » | 1 | |

| RESSORT DE COURS D'APPEL | TRIBUNAUX ET COURS AYANT PRONONCÉ L'ENVOI | GARÇONS | | | | | | FILLES | | | | TOTAL DES GARÇONS ET FILLES PAR RESSORT |
|---|---|---|---|---|---|---|---|---|---|---|---|---|
| | | Nombre par tribunaux ou cours | Nombre par ressort de cours d'ap. | Saint-Hilaire | Fresne-le-Château | Auberive | Sainte-Foy (Protestants) | Nombre par tribunaux ou cours | Nombre par ressort de cours d'ap. | Cadillac | Doullens | |
| Paris | Mantes | 2 | | 2 | » | » | » | » | | » | » | |
| | Meaux | 1 | | » | » | 1 | » | » | | » | » | |
| | Nogent-le-Rotrou | 1 | | 1 | » | » | » | » | | » | » | |
| | Nogent-sur-Seine | 1 | | » | » | 1 | » | » | | » | » | |
| | Paris (Tr. et C.) | 19 | | 13 | » | 6 | » | 9 | | 9 | » | |
| | Pontoise | » | | » | » | » | » | 1 | | » | 1 | |
| | Provins | 3 | | 2 | » | 1 | » | » | | » | » | |
| | Rambouillet | 1 | | 1 | » | » | » | » | | » | » | |
| | Troyes | 3 | | 2 | 1 | » | » | » | | » | » | |
| | Versailles | 1 | | 1 | » | » | » | » | | » | » | |
| | Vitry-le-François | 1 | | » | 1 | » | » | 1 | | » | 1 | |
| Total du ressort | | | 44 | | | | | | 13 | | | 57 |
| Pau | Bayonne | 1 | | 1 | » | » | » | » | | » | » | |
| | Oloron | 1 | | 1 | » | » | » | » | | » | » | |
| Total du ressort | | | 2 | | | | | | Néant | | | 2 |
| Poitiers | Bressuire | 1 | | 1 | » | » | » | » | | » | » | |
| | Fontenay-le-Comte | 2 | | 2 | » | » | » | » | | » | » | |
| | Loudun | 2 | | 2 | » | » | » | » | | » | » | |
| | Parthenay | 1 | | 1 | » | » | » | » | | » | » | |
| | Poitiers (Tr. et C.) | 5 | | 4 | 1 | » | » | » | | » | » | |
| | Rochefort | 1 | | 1 | » | » | » | » | | » | » | |
| | Rochelle (La) | 1 | | 1 | » | » | » | » | | » | » | |
| | Roche-sur-Yon (La) | 1 | | 1 | » | » | » | 1 | | » | 1 | |
| | Sables d'Olonne | 3 | | 2 | » | 1 | » | » | | » | » | |
| Total du ressort | | | 17 | | | | | | 1 | | | 18 |
| Rennes | Ancenis | 1 | | 1 | » | » | » | » | | » | » | |
| | Brest | 21 | | 20 | » | 1 | » | 1 | | 1 | » | |
| | Châteaubriant | 1 | | 1 | » | » | » | 2 | | » | 2 | |
| | Chateaulin | 2 | | 2 | » | » | » | 1 | | » | 1 | |
| | Guingamp | 3 | | 1 | » | 2 | » | » | | » | » | |
| | Lannion | 1 | | 1 | » | » | » | » | | » | » | |
| | Lorient | 12 | | 10 | » | 2 | » | 3 | | » | 3 | |
| | Montfort | 4 | | 4 | » | » | » | » | | » | » | |
| | Morlaix | 3 | | 3 | » | » | » | » | | » | » | |
| | Nantes | 6 | | 6 | » | » | » | 1 | | 1 | » | |
| | Paimbœuf | 1 | | 1 | » | » | » | » | | » | » | |
| | Ploermel | 2 | | 2 | » | » | » | » | | » | » | |
| | Pontivy | 1 | | 1 | » | » | » | 1 | | » | 1 | |
| | Quimper | 7 | | 6 | 1 | » | » | 1 | | » | 1 | |
| | Quimperlé | 9 | | 9 | » | » | » | » | | » | » | |
| | Rennes (Tr. et C.) | 22 | | 21 | » | 1 | » | 1 | | » | 1 | |
| | Saint-Brieuc | 4 | | 4 | » | » | » | 1 | | » | 1 | |
| | Saint-Malo | 5 | | 5 | » | » | » | » | | » | » | |
| | Vitré | 1 | | 1 | » | » | » | » | | » | » | |
| Total du ressort | | | 106 | | | | | | 12 | | | 118 |
| Riom | Clermont-Ferrand | 1 | | 1 | » | » | » | » | | » | » | |
| | Mauriac | 1 | | 1 | » | » | » | » | | » | » | |
| | Montluçon | 1 | | 1 | » | » | » | » | | » | » | |
| | Thiers | 1 | | 1 | » | » | » | » | | » | » | |
| Total du ressort | | | 4 | | | | | | Néant | | | 4 |
| Rouen | Andelys (Les) | » | | » | » | » | » | 1 | | » | 1 | |
| | Dieppe | 2 | | 2 | » | » | » | » | | » | » | |
| | Havre | 9 | | 9 | » | » | » | » | | » | » | |
| | Louviers | 1 | | » | » | 1 | » | » | | » | » | |
| | Pont-Audemer | 3 | | 3 | » | » | » | » | | » | » | |
| | Rouen (Tr. et C.) | 7 | | 3 | » | 3 | » | » | | » | » | |
| Total du ressort | | | 22 | | | | | | 1 | | | 23 |
| Toulouse | Cahors | » | | » | » | » | » | 1 | | 1 | » | |
| | Castelsarrazin | 1 | | 1 | » | » | » | » | | » | » | |
| | Toulouse (Tr. et C.) | 2 | | 2 | » | » | » | » | | » | » | |
| Total du ressort | | | 3 | | | | | | 1 | | | 4 |
| Trib. consulaire | Le Caire | 1 | 1 | 1 | » | » | » | » | | » | » | 1 |
| Pté de Monaco | Monaco | 1 | 1 | 1 | » | » | » | » | | » | » | 1 |
| | TOTAL DES GARÇONS | 549 | 549 | 403 | 64 | 76 | 6 | | | | | |
| | TOTAL ÉGAL | ... | ... | | | 549 | | | | | | |
| | TOTAL DES FILLES | ... | ... | | | | | 54 | 54 | 27 | 27 | |
| | TOTAL ÉGAL | ... | ... | | | | | ... | ... | 54 | | |
| | TOTAL DES GARÇONS ET DES FILLES | ... | | | | | | ... | ... | | | 603 |

D'après le nombre des envois en correction (garçons ou filles), les ressorts de nos cours d'appel se classent ainsi :

<table>
<tr><td colspan="2">Garçons</td><td colspan="2">Filles</td></tr>
<tr><td>Rennes . . . . . . . avec</td><td>106</td><td>Paris. . . . . . . . . avec</td><td>13</td></tr>
<tr><td>Douai. . . . . . . . . . .</td><td>82</td><td>Rennes . . . . . . . . . .</td><td>12</td></tr>
<tr><td>Aix. . . . . . . . . . . .</td><td>57</td><td>Douai . . . . . . . . . .</td><td>8</td></tr>
<tr><td>Nancy. . . . . . . . . . .</td><td>54</td><td>Aix . . . . . . . . . . .</td><td>5</td></tr>
<tr><td>Paris . . . . . . . . . . .</td><td>44</td><td>Angers, Limoges . . . . . .</td><td>3</td></tr>
<tr><td>Amiens, Rouen . . . . . . .</td><td>32</td><td>Amiens, Caen . . . . . . .</td><td>2</td></tr>
<tr><td>Angers . . . . . . . . . .</td><td>20</td><td>Bordeaux, Lyon, Orléans, Poitiers,</td><td></td></tr>
<tr><td>Dijon . . . . . . . . . . .</td><td>18</td><td>Rouen, Toulouse. . . . . .</td><td>1</td></tr>
<tr><td>Caen, Poitiers . . . . . . .</td><td>17</td><td>Agen, Bastia, Besançon, Bourges,</td><td></td></tr>
<tr><td>Besançon, Lyon . . . . . . .</td><td>13</td><td>Chambéry, Dijon, Grenoble,</td><td></td></tr>
<tr><td>Orléans . . . . . . . . . .</td><td>10</td><td>Montpellier, Nancy, Nîmes,</td><td></td></tr>
<tr><td>Montpellier. . . . . . . .</td><td>9</td><td>Pau, Riom . . . . . . . . .</td><td>0</td></tr>
<tr><td>Bourges, Grenoble . . . . .</td><td>6</td><td></td><td></td></tr>
<tr><td>Bordeaux, Riom . . . . . . .</td><td>4</td><td></td><td></td></tr>
<tr><td>Nîmes, Toulouse . . . . . .</td><td>3</td><td></td><td></td></tr>
<tr><td>Agen, Chambéry, Limoges, Pau .</td><td>2</td><td></td><td></td></tr>
<tr><td>Bastia. . . . . . . . . . .</td><td>0</td><td></td><td></td></tr>
</table>

Les trois ressorts des cours de Rennes, Douai et Aix donnent presque la moitié du contingent total, soit des garçons, soit des filles.

## APPENDICE III

## Opinions sur la loi du 12 Avril 1906
## et la nécessité des sélections.

*Ayant mis de nouveau à l'étude la question des établissements privés ou publics de réforme pénitentiaire*, le Comité de défense des enfants traduits en justice *décida tout d'abord de s'entourer de tous renseignements.*

*A cet effet, un questionnaire fut rédigé.*

M. JUST, *directeur de l'administration pénitentiaire, voulut bien se charger de l'envoyer lui-même aux directeurs et directrices des établissements publics.*

*Par les soins de* M. E. PASSEZ, *secrétaire général du Comité, il fut envoyé aux directeurs et directrices des établissements privés et aux Comités de défense organisés dans les grandes villes.*

*L'une des questions portait sur la loi du* 12 *avril* 1906, *sur les conditions de son application judiciaire et administrative et sur ses résultats.*

*Ce sont les Avis recueillis sur cette question dans le referendum ainsi ouvert par le Comité parisien de défense qui sont ici publiés, avis tous encore inédits. sauf les quelques lignes extraites sur ce sujet de l'étude générale du* Dᵣ ROUVEYROLIS, *publiée dans le Bulletin de l'*Union des Sociétés de patronage, *année* 1912, *n°* 2.

*Cette très remarquable étude a été ensuite reprise par la* Revue pénitentiaire (1913, p. 232) *qui, en notes, y a joint de nombreuses citations confirmant les opinions émises par cet excellent et très dévoué praticien.*

### Établissements publics pour garçons.

### ANIANE (Dᵣ Rouveyrolis).

L'âge est ici l'étiage de la possibilité à un point de vue général, sous réserve de certaines exceptions. Si on attend trop tard, tous les efforts, de quelque manière qu'on s'y prenne, ne servent *le plus souvent* à rien.... Or, quels sont les effectifs que l'administration reçoit à Aniane? A cette heure (juin 1912) s'y trouvent 386 pupilles, dont 176 ont été envoyés alors qu'ils avaient déjà entre 16 et 18 ans (loi du 12 avril 1906). Ce sont donc, de plus en plus, des adolescents très mûris, très faits (1). Leur expérience dans le vice dépasse très souvent toute vraisemblance. Ils ne s'en cachent pas ; ils s'en vantent, se riant des conseils qui leur sont donnés et de ceux qui les leur donnent, se moquant du métier qu'on s'efforce de leur apprendre, qu'ils comparent ouvertement à d'autres, à celui de souteneur par exemple. Il importe, pour parler d'eux utilement, de se rendre compte de leur psychologie spéciale. L'indulgence du juge qui, malgré leur précoce maturité, les a considérés comme non-discernants leur est une humiliation qu'ils ne digèrent pas. Ils accepteraient les sanctions communes, celles qui frappent les adultes pour les mêmes méfaits ; ils se révoltent contre la solution dont ils ont été l'objet. — *a)* Ils s'en révoltent, d'abord, parce que celle-ci est en général d'une durée bien plus longue, ce qui les exaspère par comparaison (2). — *b)* Ils s'en révoltent encore parce qu'elle heurte leur gloriole de maturité vicieuse, ce qui ne les exaspère pas moins. Pour comprendre toutes les difficultés de leur garde matérielle et toutes les déceptions de leur rééducation, il faut avoir bien présents à l'esprit ces deux faits et s'être mis en état d'en mesurer toute la portée. Par ces deux faits, on s'explique : 1° combien notamment s'avive, s'aiguise et se surexcite l'esprit d'hostilité contre les maîtres, cet esprit de résistance ombrageuse, toujours en éveil, qui constitue une des caractéristiques les plus nettes du milieu (3) ; 2° de quel poids pèse sur les plus jeunes l'asservissante autorité des plus âgés dont la force plus grande et la perversité en général plus profonde font des chefs docilement écoutés et servilement suivis (4) ; 3° comment l'émulation s'oriente non pas vers le mieux mais vers le pire ; comment par suite, *parmi les plus jeunes,* les uns (ceux qui sont les plus mous) deviennent les esclaves des plus âgés en toutes leurs exigences — on m'entend, je pense — et comment les autres (ceux qui sont les plus impulsifs) se révèlent d'une hardiesse stupéfiante, malgré leur âge, fiers d'inspirer l'étonnement en montrant que, chez eux, « la valeur n'attend pas le nombre des années ». De tout cela, je conclus que, si les pouvoirs publics veulent continuer l'expérience

(1) Cf. *infra* les Avis des directeurs des colonies de Saint-Maurice, du Val d'Yèves, de Doullens et de Mettray, et les Avis des Comités du Havre et de Rouen.

(2) Cf. *infra* l'Avis du directeur de la colonie des Douaires.

(3) Cf. *infra* l'Avis de la directrice de la maison de Cadillac.

(4) Cf. *infra* l'Avis du directeur de la maison du Plessis-Piquet.

de la réformation éducative non pas seulement des enfants mais encore des adolescents, il faut de toute nécessité qu'ils mettent l'administration pénitentiaire en mesure d'opérer une séparation absolue entre les uns et les autres, les plus jeunes (sauf les plus pervertis) ne pouvant, sans un réel danger de contamination, être placés dans les mêmes établissements que les plus âgés (1).

### Auberive.

L'intelligence de nos enfants en général me permet de dire qu'à 16 ans ils savent discerner dans les actes qu'ils commettent. Il serait indispensable de créer des établissements distincts, surtout pour les grands garçons qui ont déjà abusé de la vie dans les grandes villes.

### Bar-sur-Aube.

La loi du 12 avril 1906 reportant la minorité pénale de 16 à 18 ans a eu *le plus fâcheux effet* sur le recrutement des maisons de correction. Les détenus profitant de cette loi entre 16 et 18 ans sont tous récidivistes ou animés d'un tel esprit de vice, de paresse ou de si mauvaises habitudes qu'ils sont trop souvent cause d'actes d'indiscipline graves et du plus mauvais exemple pour les plus jeunes. Les indisciplinés, récidivistes ou pupilles ayant dépassé 16 ans devraient être mis en catégorie spéciale.

### Belle-Ile-en-Mer.

La minorité pénale reportée à 18 ans par la loi du 12 avril 1906 a eu comme conséquence première d'amener dans quelques établissements des jeunes gens qui, en raison de leur âge et de leurs antécédents, ont été des *ferments immédiats d'indiscipline*. La plupart de ces jeunes gens, connaissant tout de la vie malsaine, se sont faits les apôtres du mal et leurs admirateurs ont été nombreux (2). C'est d'ailleurs dans cette catégorie que se sont trouvés les promoteurs de tous mouvements d'insubordination relevés à l'actif des colonies

---

(1) Tous les Avis ci-après sont unanimes sur ce point; mais beaucoup ne l'admettent qu'à titre subsidiaire comme le D<sup>r</sup> Rouveyrolis lui-même.

(2) Voir *infra* l'Avis du directeur de la colonie de Saint-Louis et l'Avis du comité de Lyon.

publiques pendant ces dernières années. Je suis donc d'avis d'éliminer *au plus tôt* ces éléments des colonies qui les détiennent et de créer des établissements pour tous les délinquants âgés de 16 ans et plus et qui ont été acquittés comme ayant agi sans discernement.

## Les Douaires.

La loi du 12 avril 1906 a eu des résultats fâcheux. *Elle a apporté le trouble dans toutes les colonies* qui ont reçu des mineurs de 16 à 18 ans ; et les désordres qui y ont éclaté ont eu une répercussion dans les autres établissements affectés à des pupilles plus jeunes. Il n'y a pas eu, il est vrai, de révoltes à la colonie des Douaires, mais on a craint bien souvent des troubles graves. Chaque ¡année, des projets de désordres, surtout au 1er janvier et au 14 juillet (1) ont été étouffés par des précautions prises en temps utile et notamment par l'envoi des plus mauvais sujets au quartier correctionnel de Gaillon. *Ces dispositions à l'indiscipline que nous ont apportées les mineurs de 18 ans ont créé dans nos colonies un état d'esprit qui est peu favorable au relèvement moral de l'ensemble de nos pupilles et ont ainsi compromis gravement notre œuvre de moralisation.* D'ailleurs ces jeunes gens, au profit desquels la loi de 1906 a été élaborée, n'en apprécient nullement les bienfaits. Ils sont tous unanimes à déclarer qu'il n'est pas juste de les priver pendant 3 ou 4 années de leur liberté pour des délits qui ne valent à des adultes que quelques mois de prison. *On fait ainsi des révoltés* (2). Je vois bien les inconvénients de la loi, je n'en aperçois pas les avantages. Un de ses résultats fâcheux a été de grossir considérablement l'effectif des pupilles de nos colonies qui a été porté dans la plupart de nos établissements à près de 400 enfants. J'estime que cet effectif ne devrait jamais dépasser 250, avec un minimum de 200 et une moyenne de 225. Le mélange des mineurs de 18 ans, parmi lesquels se trouvent des souteneurs et des apaches, avec des pupilles plus jeunes et par conséquent moins corrompus doit être évité le plus possible.

## Eysses.

La division en mineurs de 16 et mineurs de 18 ans, outre

(1) Cf. *infrà* l'Avis du directeur de Mettray.
(2) Cpr. *suprà* l'Avis du Dr Rouveyrolis.

qu'elle est irréalisable dans la plupart des établissements et inconciliable avec les groupes existants, ne répond à aucune nécessité démontrée. Si une distinction devait être établie a cet égard, elle ne pourrait pratiquement se réaliser que par la répartition du contingent entre les divers établissements pénitentiaires, *quelques-uns de ces établissements étant réservés aux mineurs de 18 ans*, comme certains d'entre eux sont déjà aujourd'hui affectés aux pupilles de moins de 12 ans, aux pupilles de 12 à 14 ans, ou de 14 à 16 ans.

### Saint-Bernard.

La loi du 12 avril 1906 a obligé l'administration pénitentiaire à envoyer dans ses établissements de réformation les mineurs de 18 ans. *La plupart* de ces nouveaux venus sont déjà bien profondément contaminés. Les uns ont cambriolé, assassiné, commis des vols audacieux ou vécu du honteux et dégradant produit du vagabondage spécial ; les autres, portant ostensiblement et avec un certain orgueil même des stigmates significatifs (les 2 points ou les 5 points), ont fait partie de bandes spéciales. Il convient de dire cependant qu'il en est de moins pervertis. On doit tout tenter pour ramener dans le droit chemin ceux que le destin a fait s'en écarter ; mais il est regrettable que ces mineurs de 18 ans, d'une réformation difficile, soient en contact avec des enfants de 16 ans et moins de 16 ans que l'on peut espérer ramener facilement au bien. *Point n'est besoin d'insister sur les conséquences fatales de cette promiscuité.* La loi du 12 avril 1906 ne devrait être appliquée qu'en faveur des jeunes gens dont les antécédents ne sont pas trop défavorables ou qui paraissent tout au moins susceptibles d'amendement. Il semble nécessaire d'affecter des établissements spéciaux, avec un régime éducatif particulier, aux mineurs de 16 à 18 ans visés par ladite loi. On pourrait, dans ces établissements, procéder à une classification par catégories morales, par degrés de perversité ou d'indiscipline. Ce serait le seul moyen, à mon avis, d'obtenir quelques résultats. La plupart des colonies pénitentiaires existant annuellement ne se prêtent pas, quant à la disposition des bâtiments, à une séparation suffisamment étanche des 2 catégories de pupilles : mineurs de 12 à 16 ans et mineurs de 16 à 18 ans.

## Saint-Hilaire.

*Cette loi* (de 1906) *a porté un grave préjudice à l'œuvre de moralisation poursuivie dans nos établissements de réforme. Son effet funeste se fera sentir longtemps encore aprèsqu'elle aura enfin été abrogée.* Les établissement de réforme devraient être divisés en établissements : pour enfants au-dessous de 12 ans, pour enfants au-dessous de 15 ans, pour enfants au-dessus de 15 ans. — Etablissement spécial pour incorrigibles.

## Saint-Maurice.

Cette loi, qui aurait pu être excellente si elle avait été appliquée comme elle a été conçue, *a jeté la perturbation dans nos maisons d'éducation pénitentiaire.* Dans l'esprit de ses préconisateurs, la mise en correction n'aurait dû être infligée qu'exceptionnellement aux jeunes délinquants de plus de 16 ans, tandis que la plupart des tribunaux acquittent indistinctement comme ayant agi sans discernement tous les mineurs de 18 ans, voire même les gredins que, précédemment, ils avaient condamnés à la prison. L'exception est devenue la règle (1). *D'où agitation extrême dans les colonies qui, brusquement et sans y être préparées, ont vu grossir démesurément leur contingent ordinaire d'éléments de désordre réfractaires le plus souvent à toute discipline.* — Il est indispensable de créer des établissements distincts pour recevoir notre jeune population délinquante. L'administration doit avoir à sa disposition des établissements pour enfants 1° de moins de 12 ans, 2° de 12 à 14 ans, 3° de 14 à 16 ans, 4° de 16 à 18 ans.

## Val d'Yèvres.

Excellente, la loi de 1906 préserve la société des jeunes gens qui pourraient devenir dangereux pour elle (2) et permet d'en sauver un certain nombre qui pourraient se corrompre tout à fait. Mais, au début surtout, les tribunaux l'ont généralisée (3). L'envoi en correction ne devrait être prononcé que dans des cas de non-discernement bien définis et surtout lorsqu'il n'y a pas d'antécédents judiciaires. Tous les jeunes gens envoyés en correction en vertu de la

(1) Cf. l'Avis du directeur de la colonie du Val d'Yèves, et la circulaire du 11 mars 1912.

(2) C'est ici la théorie de l'*état dangereux.*

(3) Voir *infra* l'Avis du Comité de défense de Rouen.

loi du 12 avril 1906 devraient être enfermés dans des établissements spéciaux.

### Établissements publics pour filles.

### CADILLAC (Gironde).

A mon point de vue, les sélections pratiquement possibles, ce sont celles établies d'après l'âge des pupilles : 1° les pupilles au-dessous de 14 ans, 2° les pupilles de 14 à 16 ans, 3° les pupilles de 16 à 18 ans. La loi du 12 avril 1906 a non seulement encombré nos établissements, *mais elle y a introduit un élément de perversion* qui n'existait pas aussi complètement autrefois. De plus, il n'y a aucune amélioration morale à attendre d'une fille de 18 ans qui a contracté des habitudes vicieuses invétérées et qui garde contre les chefs qui appliquent la loi qui les prive de 3 ou 4 ans de liberté, au lieu de quelques mois de prison (car elles se soucient fort peu de leur casier judiciaire, ce qui se comprend puisqu'elles n'ont aucune honte des fautes commises) une sourde irritation qui se manifeste *souvent* par des récriminations, des accès de mauvaise humeur sans nombre (1). A notre époque où il n'y a pour ainsi dire plus d'enfants, ou la jeune fille est par conséquent plus précoce, *c'est une erreur profonde, à mon avis, d'avoir reculé la minorité pénale.* Il fallait, *sinon l'avancer,* au moins la maintenir à l'âge de 16 ans ou créer des *maisons spéciales* pour y placer ces délinquantes d'un genre spécial qui devraient être soumises vu leur âge, à un régime plus sévère, à un travail plus pénible. Il y aurait lieu de créer des établissements distincts selon les catégories. Saint-Hilaire, où je suis restée 8 ans à la section des petits, et qui reçoit les enfants de 12 à 13 ans, donnait *des résultats excellents et convaincants.*

### CLERMONT (Oise).

Les récidivistes, les incorrigibles et les délinquants de 16 à 18 ans seraient envoyés dans des établissements spéciaux, amenagés de telle sorte qu'ils ne puissent s'en évader.

### DOULLENS (Somme).

La loi du 12 avril 1906 a élevé de 16 à 18 ans la majorité

(1) Voir *supra* l'Avis du Dr Rouveyrolis.

pénale et a laissé aux tribunaux la faculté de soumettre les mineurs délinquants à la correction jusqu'à leur 21ᵉ année. En augmentant ainsi les pouvoirs des tribunaux, le législateur avait certainement eu la pensée que ce ne serait que dans des cas exceptionnels et rares qu'elle devrait recevoir son application. En fait c'est le contraire qui s'est passé. La loi, il nous semble, a été appliquée plus largement que ne l'avait prévu le législateur. S'il est juste que le mineur puisse dans des cas exceptionnels bénéficier de la loi jusqu'à 18 ans, il est nécessaire que les tribunaux n'usent du pouvoir de la loi nouvelle que quand des circonstances exceptionnelles justifient leurs décisions. Cette interprétation excessive de la loi de 1906 a eu pour conséquence fâcheuse *de mettre dans les établissements pénitentiaires, à côté des mineures de* 16 *ans, des filles déjà perverties* dont le voisinage est éminemment dangereux pour les sujets encore susceptibles de relèvement. Le recul de la majorité pénale a eu une autre conséquence, c'est de surpeupler les établissements (1).

### Établissements privés pour garçons.

### Frasne-le-Chateau.

*Cette loi a été désastreuse pour l'enfance.* Reculer ainsi la minorité pénale de 16 à 18 ans est un malheur pour la jeunesse... Mieux vaut-il prendre les enfants plus jeunes que d'attendre 16-18 ans où l'amendement devient presque impossible.

### Mettray.

I. — *La loi du* 12 *avril* 1906 *crée un terrible danger.* La plupart de nos lois adoucissant les peines ou les pratiques pénitentiaires sont admirables... en théorie, périlleuses et funestes en pratique. Leurs auteurs s'en excusent en disant qu'on les applique mal, en quoi ils ont raison. Les tribunaux font un abus lamentable de la loi de 1906, comme de la loi du sursis, comme de la loi sur la déduction de la prison préventive dans la durée de la peine. De plus, que vaut une loi

(1) Voir, *in fine*, les observations de M. Bouffandeau, député. — Cf. Rapport de l'inspection générale, *J. Off.*, 6 déc. 1910 et *Rev. philanth.*, 15 janvier 1911.

*qui implique la création d'établissements spéciaux*, alors qu'on sait bien que de tels établissements ne seront pas créés? Il est urgent de suspendre l'application de la loi de 1906 jusqu'à cette création; il faut que les établissements spéciaux, destinés à redresser les adolescents, presque toujours incorrigibles, organisent l'éducation cellulaire. Des quartiers séparés ne peuvent pas suffire. Si l'on n'y prend garde, l'application de la loi de 1906 mettra en péril la bonne tenue de tous nos établissements d'éducation pénitentiaire, publics ou privés.

II (M. Brun). — Je constate que *notre effort reste sans effet sur le plus grand nombre de nos mineurs de 16 à 18 ans.* D'abord ils nous arrivent convaincus que leur internement à la Colonie sera de courte durée, bien que le jugement porte jusqu'à la majorité. Cette conviction est due aux déclarations formelles, nous disent-ils, des juges, des avocats, déclarations faites à eux ou à leurs parents. Il s'ensuit que nos grands pupilles comptent sur ce départ prochain (1). S'il ne se produit pas, alors même que leur conduite a été mauvaise en tous points, il s'insurgent et s'évadent, — parfois avec la connivence de leurs parents J'ai des faits. Je ne saurais trop m'élever contre ces faits qui nous compliquent notre mission éducatrice. D'autant plus que presque toujours je prends l'initiative de provoquer une mesure gracieuse, lorsque le sujet la mérite. *Nos colonies ne sont plus ce qu'elles étaient il y a 10 ans; et cela tient à la loi de* 1906. Voilà pourquoi les mineurs de 16 à 18 ans devraient être sélectionnés dans des établissements spéciaux... Je ne m'arrête pas à l'idée de créer des quartiers séparés pour cette catégorie, elle est inapplicable (2):

### PLESSIS-PIQUET (Israélite).

Le principe de la loi du 12 avril 1906 est très humain; mais il serait à désirer que les bénéficiaires de cette loi ne fussent en aucune façon mêlés aux enfants. Cette promiscuité est en effet des plus dangereuses, étant donnés, l'ascen-

(1) Voir *supra* l'Avis du directeur de la colonie des Douaires, et l'Avis de M. le conseiller Marin.

(2) Voir l'Avis de M. Marin. — Cependant et malgré cette impossibilité pratique, certains présentent les quartiers isolés comme une solution.

dant pernicieux et l'influence néfaste que les premiers exercent inévitablement sur les plus jeunes. *Ce nouveau contingent voue les maisons de réforme à un échec certain,* et non seulement jette le discrédit sur les établissements où il est une source continue de révoltes, mais compromet « l'idée même de réformation ». Au Plessis-Piquet, nous ne recevons pas d'enfants au-dessus de 15 ans (1).

### Sainte-Foy (Protestant).

Elle (la loi de 1906) complique singulièrement la tâche des établissements de réforme en leur apportant en général un élément sinon *irréformable,* du moins très difficile à réformer.

### Saint-Louis.

C'est surtout d'après l'âge qu'il faut opérer des sélections. Nous en avons trois : les enfants de 8 à 14 ans à la colonie Lecocq ; ceux de Saint-Louis, de 14 à 18 ans, sont versés en deux sections, l'une pour 14 à 16 ans, l'autre pour 16 à 18. Il serait peut-être désirable qu'il y eût un quartier spécial, pour les indisciplinés. Mais cela demanderait un local spécial, un personnel distinct et offrirait des inconvénients. Il me paraît indispensable de placer les mineurs vraiment difficiles, *et notamment ceux de* 18 *ans,* dans des établissements distincts qui auraient des moyens de répression que n'ont pas les maisons privées. En les mettant dans un quartier séparé, ils risqueraient, par leur exemple et par la notoriété de leurs hauts faits qui se répandrait dans les autres quartiers, d'inciter leurs voisins à les imiter (2).

(1) Cpr. *suprà* l'Avis de M\\me Gendrot, directrice de l'établissement public de Cadillac. — Dans le même sens, M. le conseiller Albanel et M. le professeur Berthélemy, vice-président au Conseil d'administration de la colonie de Mettray.

(2) Voir *supra* l'Avis du directeur de la colonie de Belle-Ile-en-Mer, et celui de M. Brun. — » C'est une loi psychologique, dit Fouillée, que l'action « des mauvais sur les bons dépasse de beaucoup l'action des bons sur les « mauvais » (*La France au point de vue moral*, p. 218. — Cf. *Rev. pénit.*, 1913, p. 238).

### Établissements privés pour filles.

#### Atelier-Refuge de Darnetal.

Les sélections sont nécessaires, mais il est bien difficile, il est presque impossible de les établir sur une base unique. Car aussitôt se dressent des objections. Cependant nous pensons qu'elles doivent être faites d'après l'âge et la moralité. — La loi d'avril 1906, qui a eu pour résultat de mettre des enfants de moins de 16 ans avec des adolescents de 16 à 18 ans, *a été à tous les égards une loi funeste*. Il n'était pas possible de faire une chose plus préjudiciable aux mineurs de 16 ans. Et pour les établissements publics ou privés *ce fut un coup terrible*. Une seule ressource pour se tirer de cette situation, c'est de mettre les enfants de 16 à 18 ans dans des établissements tout à fait distincts et dans lesquels pourraient être mis aussi les enfants les plus difficiles des autres établissements.

#### École Sainte-Odile (de Bavilliers).

Les jeunes filles envoyées en correction de 16 à 18 ans et y étant maintenues un temps relativement trop court pour un amendement sérieux retombent le plus souvent dès leur libération, à la première occasion qu'elles rencontrent.

#### Institution des Diaconesses.

*La loi du 12 avril 1906 en reculant la minorité pénale de 16 à 18 ans est une faute* à mon sens. De 16 à 18 ans, c'est presque toujours trop tard pour parler de réforme. Je dis « presque », ayant constaté des relèvements même à 19 ans ; mais c'est une exception.

#### Solitude de Nazareth (Montpellier).

Des remarques fréquentes ont permis de constater *que les effets de l'application de la loi du 12 avril 1906 ont été en général préjudiciables*. Il y aurait opportunité à ce que des quartiers spéciaux fussent réservés dans certains établissements pour recevoir les pupilles rebelles et d'une insubordination notoire, incorrigibles de parti pris.

**Comité des enfants traduits en justice.**

### Le Havre.

Le législateur qui a voulu laisser aux mineurs de 16 à 18 ans une chance de se réformer n'a pas eu seulement une pensée généreuse; il a fait une œuvre socialement utile, *pourvu qu'elle soit appliquée dans des conditions qui en permettent le succès.*

### Lille.

Il importerait surtout d'organiser des établissements spéciaux pour les mineurs envoyés en correction à un âge déjà avancé, et notamment entre 16 et 18 ans. Ces clients spéciaux des colonies pénitentiaires ne peuvent ordinairement se comparer aux autres. Déjà profondément gangrenés, ils ne peuvent être soumis au même traitement moral que des enfants plus jeunes. Ils ne peuvent qu'apporter dans un milieu déjà malsain (dans lequel tout au moins la diathèse morbide et les dispositions mauvaises dominent) un germe d'immoralité des plus dangereux pour tous.

### Lyon.

C'est de l'âge qu'il convient en pratique de tenir compte surtout. Les enfants plus âgés ont sur les plus jeunes un ascendant et une influence considérables. Etant donné qu'il s'agit d'enfants déjà plus ou moins pervertis, cette influence ne peut être que mauvaise (1).

### Marseille.

Ce que j'ai toujours demandé, dit M. Vidal Naquet, c'est qu'on procédât pour les mineurs de 13 à 18 ans, comme on l'a fait pour les mineurs de 12 à 13 ans. En effet, l'avantage des écoles de réforme proprement dites, celles où sont envoyés les enfants âgés de moins de 13 ans, c'est que ces enfants qui entrent à l'école à 13 ans, vont y grandir et atteindre leur majorité en ne voyant jamais entrer désormais dans l'école un enfant de leur âge. Le gamin de 13 ans qui arrive à l'école est placé dans la classe des enfants de 13 ans.

_________

(1) V. *in fine* les mêmes observations de M. R. Bérenger.

S'ils sont vingt dans cette section, il restera avec ces vingt enfants jusqu'à 21 ans ; il pourra voir le nombre de ses camarades diminuer, *il ne le verra jamais augmenter*. Quand il aura 16 ans, il ne sera pas exposé à voir la porte de son école s'ouvrir à un enfant de 16 ans, arrêté la veille et que les tribunaux viennent d'envoyer en correction. Il ne sera pas exposé au contact de ces enfants vicieux, corrompus et qui viennent en un jour détruire tout l'effet produit par les leçons des maîtres. Ce qu'il y a en effet de terrible dans nos maisons de correction actuelles, c'est cette entrée constante et permanente des nouveaux venus qui introduisent comme un virus nouveau au sein de la maison de correction.. Le jeune colon reste par eux en contact permanent avec les mauvais sujets de la société. On a voulu l'enlever à son milieu et administrativement on l'y replonge (1). Ce que j'ai demandé et qui est bien simple, c'est qu'on affecte spécialements tels établissements aux enfants envoyés en maison de correction de 13 à 14 ans, tels autres aux enfants envoyés en maison de correction de 14 à 15 ans, tels autres aux enfants envoyés en maison de correction de 15 à 16 ans, *tels autres aux adolescents envoyés en maison de correction de 16 à 18 ans*. Et alors, pour les premiers pendant 8 ans, pour les deuxièmes pendant 7 ans, pour les troisièmes pendant 6 ans, pour les quatrièmes pendant 5 ans, ces enfants seront sous la coupe de leurs maîtres, sans plus aucun contact avec le mauvais monde extérieur et ne subiront plus l'ascendant de celui qui, ayant commis un délit alors

1. M. Henry Joly a insisté sur le même phénomène de contamination prolongée (*Rev. pénit.*, fév. 1897). « Un des directeurs les plus expérimentés, disait-il, et les plus dévoués de nos colonies me disait un jour : La plus grande difficulté contre laquelle j'aie à lutter ? Oh ! la voici, tout simplement. Je reçois surtout les petits mauvais sujets des deux grandes villes que vous savez dans mon voisinage. Or, il y a, je suppose, dans l'une d'entre elles une bande d'une dizaine de gamins qui commencent à faire scandale et à inquiéter les autorités. Invariablement on procède de la manière suivante. Sur les dix, on commence par en arrêter cinq que l'on m'envoie. Pendant que je m'applique de mon mieux à les redresser, les cinq autres continuent leurs méfaits Ce n'est qu'au bout de six, huit, dix mois qu'on se décide à les enlever à la rue. Ils viennent alors retrouver les cinq premiers ; et non seulement ils détruisent en un clin d'œil ce que j'ai eu tant de peine à commencer à édifier, mais ils font libéralement part à leurs camarades de tous les perfectionnements qu'ils ont eu le temps d'apporter à leur pratique du mal : ils sont beaucoup mieux écoutés que moi. »

qu'il était plus âgé, est forcément, fatalement, plus vicieux et plus corrompu. Je considère cette séparation des écoles comme indispensable pour la régénération des enfants. La simple séparation sans un établissement de ces diverses catégories ne me paraît pas suffisante, car elle entraînerait une complication de subdivisions absolument impossible, des dépenses considérables pour la construction de nouveaux ateliers et de nouveaux dortoirs, tandis qu'avec mon système la seule dépense sera celle du transfert des enfants.

### ROUEN.

La loi de 1906, qui a élevé la majorité pénale prête à de nombreuses critiques; il n'est pas douteux que les tribunaux en ont fait jusqu'à présent un véritable abus. Elle a été en effet mal comprise. Si l'on admet fort bien que jusqu'à 16 ans le défaut de discernement soit la règle, il n'en est plus de même pour les enfants qui ont dépassé cet âge. Jusqu'à 16 ans, le redressement bien que difficile est encore possible. Il ne l'est plus après, surtout pour les filles (1). Il faudrait en tous cas qu'il fût créé des établissements spéciaux pour les mineurs de cette catégorie. Pour beaucoup de tribunaux l'envoi en correction de ces derniers n'a été qu'un moyen, non de les réformer, mais de les mettre pendant un certain temps dans l'impossibilité de nuire (2).

*<br>* *

La question de la loi de 1906 et des mineurs de 16 à 18 ans a été plusieurs fois portée devant le Parlement.

— En juillet 1909, notamment par M. Clémenceau, alors président du Conseil, qui insistait sur « la nécessité de séparer « les mineurs de moins de 16 ans, de ceux de 16 à 18 ans, « dont la contamination morale est plus profonde et qui sont « d'une réformation plus difficile ».

— En 1910, par M. Félix Chautemps, député, dans son rapport précité sur le budget de l'administration pénitentiaire pour 1911 (V. *suprà*, p. 11).

---

1. « Dans l'ensemble, dit M. H. Joly (*loc. cit.*), les filles sont plus difficiles à corriger et à reclasser que les garçons ».

2. Ceux qui en sont l'objet sont naturellement portés à se révolter contre ces *décisions de débarras*.

— En 1912, par M. R. Bérenger, président du Conseil d'administration de la colonie de Mettray.

« Il faudrait, disait l'éminent sénateur, ne pas connaître la « mentalité de l'enfant pour ne pas savoir que, lorsqu'au « milieu de jeunes sujets dont les antécédents sont déjà « fâcheux, on introduit des enfants plus âgés, naturellement « d'un tempérament plus décidé et plus audacieux, ceux-ci « prennent tout de suite sur les autres un ascendant et une « influence inévitables ». *J. Off.*, séance du 15 fév. 1912).

Et M. Bérenger demandait que les adolescents de 16 à 18 ans, acquittés comme ayant agi sans discernement, fussent mis, non dans des colonies pénitentiaires, publiques ou privées, mais dans des prisons départementales.

— En cette même année 1912 (11 mars), M. Briand, ministre de la Justice, envoya une circulaire aux procureurs généraux.

« Il est aisé, disait-il, de constater qu'une application aussi « large de la loi de 1906 a pour première conséquence, et « c'est de toutes la plus fâcheuse, de mettre dans les établis- « sements pénitentiaires, à côté des mineurs de 16 ans, des « individus plus âgés, quelquefois déjà pervertis, dont le voi- « sinage est éminemment dangereux pour les sujets encore « susceptibles de relèvement ».

— Dans sa session d'avril 1912, le Conseil général d'Indre-et-Loire a, sur la proposition de M. Héron, adopté, par 16 voix contre 1, un vœu, appuyé par le préfet, tendant à l'abrogation de la loi du 12 avril 1906 (*Rev. pénit.*, 1912, p. 769).

— Dans son rapport sur le budget de l'administration pénitentiaire pour l'année 1912, M. Bouffandeau déclarait qu'aucune colonie ne devrait contenir plus de 200 enfants. Mais elles sont tellement surpeuplées que, pour faire de la place aux nouveaux arrivants, il faut procéder à des libérations de commande (v. *suprà*, p. 45), faites avec une hâte excessive. Le rapporteur s'est élevé contre ces placements prématurés, faits inconsidérément dans des familles où ils ne sont nullement surveillés, et qui, nuisibles autant à l'établissement qu'aux pupilles, sont suivis de nombreux échecs (*Rev. pénit.*, 1913, p. 1271-1272).

# TABLE DES MATIÈRES




ANGERS. — IMPRIMERIE A. BURDIN ET Cie, 4, RUE GARNIER

**Albanel**. *Le crime dans la famille.* 1 vol. in-4 (1900). . . . . 3 50

**Arboux**. *Manuel des visiteurs des prisons.* 1 vol. in-18 (1894) . » »

**Charmont**. *La loi du 24 juillet 1889.* In-8 (1891). . . . . . . 1 50

**Cros-Mayreville**. *Traité de l'assistance hospitalière.* 3 vol. in-8 (1912). . . . . . . . . . . . . . . . . . . . 36 »

**Dérouin, Gory et Worms**. *Traité d'assistance publique.* 2ᵉ éd. avec supplément. 2 vol. in-8 (1901-1905). . . . . . . 28 »

**Drucker**. *La loi du 24 juillet 1889.* 1 vol. in-8 (1894) . . . . 6 »

**Dufour**. *Traité du service des enfants assistés.* 1 vol. in-8 (1900). 4 »

**Geouffre de Lapradelle**. *Les fondations perpétuelles.* 1 vol. in-8 (1895) . . . . . . . . . . . . . . . . . . . 10 »

**Haussonville (Comte d')**. *Les établissements pénitentiaires en France et aux colonies.* 1 vol. in-8 (1875). . . . . . . . . 7 50

**Lenoir**. *Étude sur la loi du 19 avril 1898.* In-8 (1899). . . . 2 »

**Milhaud**. *De la protection des enfants sans famille.* In-8 (1896). 6 »

**Prevost E**. *Maisons de réforme. Colonies pénitentiaires* Préface de M le Dᵉ Thulié. In-18 (1905) . . . . . . . . . . 1 50

**Prevost E**. *La prostitution des enfants.* Préface de M. H. Barboux, de l'Académie française. 1 vol. in-18 (1909) . . . . 4 »

**Prevost E**. *Le traitement médico-pédagogique.* Préface de M. Busson-Billault. In-8 (1911). . . . . . . . . . . 2 »

**Prevost E**. *Le pécule obligatoire dans les établissements d'hospitalisation privés.* Préface de M. F. Labori. In-16 (1913). . 2 50

**Rebeillard (E.)** *Les enfants assistés. Lois des 27 et 28 juin 1904.* 1 vol in-8 (1908).

ANGERS. — IMPRIMERIE A. BURDIN ET Cⁱᵉ, 4, RUE GARNIER